一口气读懂
经典语文

过目不忘
俗语课

字 墟 ✖ 编著

SPM
南方传媒

岭南美术出版社

中国·广州

图书在版编目（CIP）数据

过目不忘俗语课／字墟编著.—广州：岭南美术
出版社，2023.8
（一口气读懂经典语文）
ISBN 978-7-5362-7757-1

Ⅰ.①过… Ⅱ.①字… Ⅲ.①汉语—俗语—中小学—
教学参考资料 Ⅳ.①G634.303

中国国家版本馆CIP数据核字(2023)第120294号

责任编辑： 黄小良　黄海龙
责任技编： 许伟群
封面设计： 极宇林

一口气读懂经典语文
YIKOUQI DUDONG JINGDIAN YUWEN

过目不忘俗语课
GUOMUBUWANG SUYU KE

出版、总发行：岭南美术出版社（网址：www.lnysw.net）
（广州市天河区海安路19号14楼 邮编：510627）
经　　销：全国新华书店
印　　刷：湛江市新民印刷有限公司
版　　次：2023年8月第1版
印　　次：2023年8月第1次印刷
开　　本：880 mm×1230 mm 1/32
印　　张：6
字　　数：139千字
印　　数：1—10000册
ISBN 978-7-5362-7757-1
定　　价：32.00元

读"有用书",学"活语文"

将进酒·黄

这些年我们闹过的语文笑话

十多年前,某位著名主持人在采访一位嘉宾,因为嘉宾的父亲刚刚过世,所以节目开始时,主持人对嘉宾说:"首先,向家父的过世表示哀悼!"

对某人的过世表示哀悼,这种感情是没错的。但是,节目一播出,这句话却引起了轩然大波。

为什么呢?因为主持人犯了一个很大的语文错误!

要知道,"家父"一词,在古代语文中,是专指说话人自己的父亲,相当于"我父亲";"家",是谦辞,表示说话人的谦逊和对他人的恭敬。

相对应地,提到别人的父亲时,得说"令尊"。令,意为"美好",是敬辞。

主持人的这次错误,被称为"家父门"。在这些年我们闹过的语文笑话里,"家父门"是一个非常典型的案例,被人们一再提起,甚至进了高考语文模拟试卷。

其他我们闹过的语文笑话,如某位学者将"致仕"解释为"做官",某位校长读错成语"鸿鹄之志",某位名师读错"耄耋"……

这是名人们闹出的笑话,因传播广而影响大;至于普通人闹出的笑话,因为关注者少,就只能自己偷偷脸红了。

"山川异域，风月同天"的惊艳

2020年初，新冠疫情肆虐，打乱了世界人民的生活。

在武汉疫情最严重的时候，日本友人为中国捐赠了大量防疫物资，随之而来的，还有"山川异域，风月同天""青山一道同云雨，明月何曾是两乡"等赠语。这些赠语，因其优美典雅，因其蕴味深长，因其恰如其分，而迅速刷爆了互联网络。

"山川异域，风月同天。"意思是虽然不在同一块土地上，却共享着同一片天空。这有一个典故。唐玄宗时，日本长屋亲王想请大唐高僧去日本传授佛法，于是制作了一千件袈裟，赠送大唐，袈裟上绣有四句偈语："山川异域，风月同天。寄诸佛子，共结来缘。"此举最终促成了"鉴真东渡"。鉴真大和尚在日本传法多年，是中日文化交流史上的一个重要事件。

"青山一道同云雨，明月何曾是两乡"出自唐代诗人王昌龄的作品《送柴侍御》，意思是：你我虽然各处一地，但是两地青山相连，沐浴在同一片云雨下，守望着同一轮月亮，其实何曾远离呢？

这样的诗句太美太美，白话翻译不能传达其神韵的十分之一。

因此，有人说，它映照出了我们日常语言的粗俗。

我觉得，它唤醒了我们心中沉藏的古典记忆。

我们不是没有文雅。先秦有《诗经》《离骚》，两汉有"大赋"，魏晋有《世说新语》，唐有诗，宋有词，明有小品文，清有散文。甚至可以说，所有汉语的文雅，都从中华来，都在中华文明宝库里。

只是，作为中华文明宝库的拥有者，我们自己却常常忘记了、忽略了。徒有宝库却不知如何取用，读书多年却说不出一句齿颊生香的话，写不出一个清风朗月的句子。

所以才有今天的被惊艳，乃至羞惭。

好的语文，会用才是硬道理

其实传统经典，我们一直在学。唐诗宋词，我们一直在背。但是，为什么书到用时方恨少、诗到用时不见了呢？

原因可能有很多，但有一个原因是我们没法否认的：我们学的时候，并没有想过要怎么用；我们背的时候，想的只是考试得分。

我们学了很多古文名篇，但是怎么问人姓名、年龄，怎么称呼客人、家人……一概不知。

我们也学了很多成语、历史典故，但夸人时怎么夸、怎么委婉地批评人……从来不想。

我们也要求记忆诗词的全篇、诗人的生卒年份、创作背景、中心思想……四五岁的孩子能把《春晓》背得滚瓜烂熟，但是上了多年学后，春天早晨从美梦里醒来，没有一次能想起"春眠不觉晓"；写作文《雨后》，压根儿想不起可以用上"花落知多少"。

所以，我们不妨深入反思：到底应该怎么来学习传统经典？

我的意见是，"有用"的读书，不是要往脑子里压缩进去几百首甚至上千首诗词古文经典，而应该是无论遇到什么情景，都能有一句妙语自然而然地涌上心头，帮你说出那一刻的心情，恰到好处，尽得风流。

"活的语文"，不是要记忆多少佶屈聱牙的典故、生僻冷门的字词，而是在使用中，在说话、写作文的时候，长篇言之有物，短句言简意赅。即使是发个微信朋友圈、设置个QQ签名，寥寥数语，也要短得有味、有品，一句顶一万句。

只有在"活的语文"里，在每个人的日常语文运用中，五千年文化素养，唐诗宋词、《古文观止》，才是有价值的存在。

把话说得准确、优美、典雅、传情

这套《一口气读懂经典语文》，分为《脱颖而出文言课》《以一当百诗词课》《立竿见影成语课》《过目不忘俗语课》四册，将传统经典中的语文精华，以符合现代实用需求的方式，介绍给读者，并通过模拟举例，教会读者在说话和作文中准确、灵活地运用。

《脱颖而出文言课》精选古典词语，如问人姓氏要说"贵姓"，给人写信可说"见字如晤"；称人父亲为"令尊"，称己父亲是"家父"；对前辈自称"后学"，被表扬可说"过奖"……

《以一当百诗词课》精选诗词精华，有叙事的，有写景的，有抒情的，有咏志的……举例说明用法：哪一句可以用来写贺卡，哪一句适合作座右铭，怎么在同学、家人面前表现出"妙语连珠"，以及怎么将诗句灵活运用在作文中。

《立竿见影成语课》精选四字成语，追溯其典故出处，介绍其用法和同类成语。对成语的挑选，有意提高内容难度，追求"新鲜感"，以满足小读者旺盛的求知欲。

《过目不忘俗语课》是老祖宗留下来的最生活化的语文，接地气，俏皮，耐琢磨。本册精选生活俗语，讲解其内涵和用法，并从语文构造的角度，来探索这些妙语是怎么创造出来的。

总之，不闹笑话，把话说得准确、优美、典雅、传情，始终是一种优秀的能力。而我们这套书的策划初衷，正是为了帮助小读者快速实现这种能力，并希望有一天，他们给我们的语文带来更多惊艳。

目录

第三辑　乱拳打死老师傅

字越少事儿越大

·

第一辑

安乐窝

"安乐窝"，泛指安逸舒适的住处。

最早构筑"安乐窝"的，是北宋时期著名的理学家、数学家、诗人邵雍。

据《宋史·邵雍传》记载："雍岁时耕稼，仅给衣食，名其居曰'安乐窝'。"

邵雍家境清贫，但少有大志，刻苦读书，游历四方，积累了广博的见闻。后来他移居洛阳，名重当时，很多达官显贵、社会名流都与之交往。但邵雍不愿做官，以教书为业，后来由大家出钱，给他营造了一处住宅。邵雍便在这里定居下来，躬耕自足，安贫乐道。

邵雍把居所取名为"安乐窝"，自号"安乐先生"，还

一室可为安乐窝

自从邵雍写了"安乐窝"，这个词成为热词，很多人都想要一处自己的"安乐窝"。南宋戴复古说："四山便是清凉国，一室可为安乐窝。"只要淡泊欲望，四面青山，便如同身处清凉之国；陋室一间，就是我的安乐窝。

辛弃疾说："疏帘竹簟山茶碗，此是幽人安乐窝。"竹帘竹席山茶碗，都是指生活条件简陋，但对隐居之人来说，就是安乐窝。

为之写下了很多诗。其中一首是这样写的：

安乐窝

半记不记梦觉后，似愁无愁情惓时。

拥衾侧卧未忺起，帘外落花撩乱飞。

忺，音 xiān，欲、想要的意思。这首诗又题《懒起吟》，描绘诗人早上醒来后不想起床，掀开帘子看窗外落花飞舞的情形，一派闲适慵懒的生活状态。

安乐先生确实很安乐。风和日丽的日子，邵雍出门游赏，乘坐一辆小车，由一个仆人在前牵拉着，慢悠悠地走走停停，所过之处，人们争相迎候。

邵雍与周敦颐、张载、程颢、程颐并称"北宋五子"，是北宋很重要的思想家，著有《皇极经世》、《渔樵问对》和诗集《伊川击壤集》等，对后世影响极大。

知识拓展

在不同语境里，"安乐窝"的感情色彩不同。对于淡泊名利的人来说，"安乐窝"就是他们心中的世外桃源。

在艰苦的战争年代，"安乐窝"常指贪图富贵、苟且偷生的思想。如：国难当头，有些人却躲在安乐窝里享受。

现在，"安乐窝"通常指自己的舒适小窝。

东道主

"东道主"，泛指接待宾客的主人。

《左传》中有一个"烛之武退秦师"的故事。

春秋时期，诸侯争霸。从地理位置上讲，秦国在西方，郑国在东方，晋国在秦、郑之间（偏北）。晋文公联合秦穆公攻打郑国，联军包围了郑国国都。郑文公连忙请出老臣烛之武。烛之武便趁着天黑，从城头上偷偷爬下来，悄悄会见了秦穆公。

烛之武利用秦、晋两国的矛盾来游说秦穆公，他说："现在秦晋大军围攻郑国，我们必输无疑。但郑国与秦国并不接壤，我们在东，你们在西，中间隔着晋国。那么我们郑国灭亡后，

好口才 万人丛中一握手，使我衣袖三年香

清朝诗人龚自珍在《投宋于庭翔凤》中写道："游山五岳东道主，拥书百城南面王。万人丛中一握手，使我衣袖三年香。"诗人颂扬老朋友宋翔凤：游遍五岳，好比主人；坐拥书城，堪称王侯；交游遍天下，跟您握一回手，我的衣袖上三年仍有余香。真是夸人夸上天了！很让人羡慕这位被夸的人。

只能就近并入晋国的版图。这样一来，晋国就更强大了，而你们秦国就会相对弱小。所以，秦国为何要帮助晋国来灭亡郑国呢？这不是削弱自己而帮助晋国增强实力吗？"

最后，烛之武表示："若舍郑以为东道主，行李之往来，共其乏困，君亦无所害。"要是能把郑国留下，让我们作为你们东方道路的主人。你们的使者来往经过郑国，万一物资匮乏，就由郑国来供应，这对您有什么坏处呢？

秦穆公认为很有道理，便同郑国签订了和约。晋文公无奈，也只得退兵了。

因为秦国在西，郑国在东，所以郑国对秦国来说便是"东道主"。后来"东道主"一词引申为主人。

"做东"和"房东"

按照我国古代礼仪，主位在东，宾位在西。现在一般把接待宾客的当地主人称为东道主，泛指接待或宴客的主人以及请客的人。小到日常的朋友相聚，家里来了客人，主人自称为"东道主"；大到大型活动、国际会议、赛事的主办单位、城市，都可以自称"东道主"。相应地，国家还可以称为"东道国"。今天我们把请客叫"做东"，租房时把房子主人叫"房东"，都与此有关。

破天荒

"天荒"本指从未开垦过的土地。"破天荒"指第一次出现的事物，在此之前从来没有出现过的。

宋代人孙光宪的笔记《北梦琐言》记载："唐荆州衣冠薮泽，每岁解送举人，多不成名，号曰'天荒解'。刘蜕舍人以荆解及第，号为'破天荒'。"

唐朝科举考试中，荆州地区每次都送一批举人去参加，可是五十年里没有一个人能考中进士。因此当时人把荆南地区称作"天荒"，嘲笑这个地方就像天地初开之前的混沌状态，也不知道谁能来做盘古。直到唐宣宗大中四年，荆南人刘蜕金榜题名，考中了进士，名噪一时。人们纷纷说他打破了"天荒"。

正好魏国公崔铉做荆南节度使，得知消息后特别高兴，不但写信祝贺，还送来七十万贯钱给刘蜕，叫"破天荒"钱。

刘蜕十分冷静，回信拒绝了好意，并说："五十年来，自是人废；一千里外，岂曰'天荒'。"

——五十年来无人及第，是因为众人不够努力；何况荆南地区离京城也不过千里，算不上荒僻之地，怎能称为"天荒"呢？

其实根据考证，在唐代，早在刘蜕之前，已经有荆南人士考取过进士，甚至还出过一位状元。所以刘蜕并不是"破天荒"者。

刘蜕字复愚，出身平民家庭，在职场上做到中书舍人，很有正义感，因触怒权贵令狐绹，被贬官外放。他还是晚唐的散文家，"为文奇诡岸杰，自成一家"。回复崔铉的话正显示了他的格局与志向。

知识拓展

"破天荒"是一个中性词。与之相近的词如"前所未有"，反义词如"司空见惯"。

宋代时，一代文宗苏轼因为与主政者政见不合，一贬再贬，直至被流放到荒远的海南。但是苏轼的人格魅力实在太大了，不少青年学子不嫌遥远，追随在他身边求教。在苏轼的引领下，海南文风兴盛起来，数年之后，终于出现了史上第一位进士。这也是一件"破天荒"的事情。

露马脚

"露马脚"的意思是现出破绽、暴露真相，比喻弄虚作假被发现。

明朝开国皇帝朱元璋，小时候家境贫寒，当过放牛娃，还寄居在寺庙里做过小沙弥。后来参加了元末农民起义，逐渐成为领袖，并且娶了马氏为妻。马氏很有见识，没有缠足，所以有一双大脚。朱元璋称帝后，封马氏为皇后。这时马氏母仪天下，一双大脚就有些不合时宜了。据说她每次接见臣民，总是用衣裙下摆把大脚盖住。

一次，马皇后车驾游幸京城，万民围观。不料狂风突起，吹起轿帘，也掀开了皇后的裙角，一时遮掩不及，就这样露出一双大脚。围观的百姓全都看见了。

有人编了一条谜语："女子同眠，两又并肩，人挑肩担，月去耳边。"谜底是"好双大脚"，用来讽刺马氏。

因为是马皇后露了脚，所以就有了"露马脚"这个词，而且流传至今。

马皇后的事情，其实只是一个民间传说。据考证，"露马脚"这个词在唐代已经出现。唐代张鷟的笔记《朝野佥载》中有个故事：诗人杨炯恃才傲物，讥讽那些虚伪的朝官像戏里的驴子扮麒麟，看起来是瑞兽，脱下画皮还是驴子。原来当时人们过节日庆典时会举行一些活动，比如让驴、马披上装饰物，装成麒麟。但毕竟是动物，走动时很容易露出腿脚，也就是"露马脚"了。

现在，凡是不光彩的事被公之于众，隐蔽的事实真相曝光在大众面前，都可以称为"露马脚"。

知识拓展

佛手难藏，驴脚自露

明代出版的《续传灯录》，有"后来风幡事起，卷簟义彰，佛手难藏，驴脚自露"一句。佛手难藏也好，驴脚自露也好，都是形容某些事情想藏也藏不住。元曲《陈州粜米》里也有一句："这老儿不好惹，动不动先斩后闻，这一来则怕我们露出马脚来了。"可见"露马脚""露驴脚"的说法确实早在明代之前就有。

门外汉

"门外汉",指相对于某个行业、某个专业领域或某个方面的外行人。

苏轼,世称"东坡居士",有一次游庐山,夜宿东林禅院,与禅师谈论佛法。

这一夜,苏轼夜枕溪声,对着一山的苍翠,忽然有所感悟,于是写了一首偈子:

> 溪声便是广长舌,山色岂非清净身;
>
> 夜来八万四千偈,他日如何举似人?

佛教称佛有三十二种庄严德相,其中之一便是"舌广而长相",指佛有广长薄软的舌头,伸展开来可以覆盖至发际。用以表明释迦牟尼佛说法的智慧,也用来比喻能言善辩。"清净身"是形容佛身清净,不染尘垢。

这首诗体现了东坡参悟佛法的境界,意思是说夜里仿佛听到无处不在的颂唱声,甚至有八万四千偈之多,都不知要如何说给别人听。

据《五灯会元》记载,证悟法师在拜谒台州护国寺的景元禅师时,谈到了这首诗,认为苏轼佛学造诣精深,是一般人难以达到的境界。景元禅师却认为苏轼还没有打通参禅的路径:"是门外汉耳。"——不过是外行人罢了。

证悟法师一开始并不能够领会，后来经过景元禅师点拨，一夜静思之后，终于悟得，也写下一偈：

> 东坡居士太饶舌，声色关中欲透身。
> 溪若是声山是色，无山无水好愁人。

意思是苏轼的偈子虽然也有境界，但是不免"着了相"，有没有溪声山色，佛法都自在心中。正因如此，景元禅师才说他是"门外汉"。

黄庭坚是门外汉

清代陈廷焯《白雨斋词话》说："黄九于词，直是门外汉，匪独不及秦苏，亦去耆卿远甚。""黄九"指黄庭坚；"秦苏"分别指秦观、苏轼；"耆卿"指柳永。四人都是北宋著名文人。这句话用"门外汉"一词来评论黄庭坚，说他的词作水平不但比不上秦观、苏轼，离柳永也差很远。

"阿堵物"与"孔方兄"

"阿堵"是六朝和唐朝时的常用语,相当于现代汉语的"这个"。

《晋书·顾恺之传》记载:东晋著名画家顾恺之擅长画人物。每画成一幅人像,有时几年都不点眼睛。别人问原因,他指着眼睛回答说:人物画得是否传神,跟四肢的美丑关系不大;"传神写照,正在阿堵中",画像的传神之处,关键就在这双眼睛里面。

"阿堵物",意思就是"这个东西",本是泛称,后来专指钱。

《世说新语》和《晋书》中都记载:西晋名士王衍为人清高,很鄙夷妻子郭氏的贪吝,他自己则从不说"钱"字。郭氏想逗他,逼他说出"钱"这个字。

一次,趁王衍睡着了,郭氏命令婢女用钱铺在床周围,这样王衍没办法下床走路,就不得不说出"钱"来。没想到第二天早上,王衍醒来见满地是钱,就喊来婢女,指着地上的钱说:"举却阿堵物。"——把这些东西都搬走。

就这样,"阿堵物"成了钱的代名词,并且含有轻蔑的意味。而"口不言钱"则成为清高廉洁、不贪钱财的表现。

宋代,苏门四学士之一的张耒曾写过"爱酒苦无阿堵物,寻春奈有主人家",意思是缺少买酒钱。

铜钱是我国古代常用的货币,圆形、方孔。正是因为铜钱长成这种样子，就产生了一个新词"孔方兄"。

西晋时期，惠帝愚呆昏聩，贾后淫虐专政，世风日下，名士敛财无度，整个社会"唯钱是求"。于是隐士鲁褒写了一篇《钱神论》，虚构出司空公子和綦毋先生两个人物，通过互相问答诘难，描写钱的神通广大、法力无边。其中写钱"为世神宝，亲之如兄，字曰'孔方'。失之则贫弱，得之则富强"。文章辛辣地讽刺时事，引起世人共鸣。"孔方兄"也成了钱的代称，有拜金主义的意味。

跟钱绝交

宋代诗人黄庭坚政治上不得意，诗作中常有牢骚之语。他曾写过一首《戏呈孔毅父》，其中有这样两句："管城子无食肉相，孔方兄有绝交书。""管城子"是毛笔的别称。诗句意思是：我这种靠拿着毛笔写文章过生活的人，生来就没有封侯拜相的命；那位孔方兄也早就向我发出了绝交的书信。字里行间充满自嘲。

明代袁宏道写有《读〈钱神论〉》诗："闲来偶读《钱神论》，始识人情今亦古；古时孔方比阿兄，今日阿兄胜阿父。"讥讽认钱不认人、钱比爹妈还大的世风。

推敲

　　"推敲"，形容写作时逐字逐句思考的过程，通常指做文章或做事时反复琢磨，再三斟酌。

　　唐代诗人贾岛，在京城准备参加科举考试。一天，他骑着驴去城郊拜访朋友李凝，不巧的是李凝不在家。归途中，贾岛赋诗一首：

题李凝幽居

闲居少邻并，草径入荒园。鸟宿池边树，僧推月下门。
过桥分野色，移石动云根。暂去还来此，幽期不负言。

二句三年得，一吟双泪流

　　中晚唐时期，一些诗人在锤炼字句上殚精竭虑、费尽心思，被称为苦吟诗人，孟郊、贾岛都是代表人物。贾岛曾经花了三年时间写出两句诗："独行潭底影，数息树边身。"自己觉得很工整，于是感慨道："二句三年得，一吟双泪流。知音如不赏，归卧故山秋。""推敲"的故事正是他"苦吟"一面的经典写照。

写完之后，贾岛反复吟诵，想要修改得更工整。他在第二联的"推"和"敲"两字之间犹豫不决。想得太入神了，忍不住在驴背上模拟推和敲的动作，惹得路人纷纷侧目，不知不觉间却冲撞了一位高官的仪仗队。

这位高官，就是时任京兆尹的文学家韩愈。韩愈问明原因，也立马思索良久，最后说道："我看还是用'敲'好。"

韩愈爱才，不但没有处罚贾岛，还和他成了朋友，并辔而归，留下一段文坛佳话。

知识拓展

韩愈：文起八代之衰

韩愈，字退之，是"唐宋八大家"之首，世称"昌黎先生"。他曾官至吏部侍郎，后世也称他"韩吏部"。谥号"文"，所以又被称为"韩文公"。韩愈是唐代古文运动的倡导者，有"文章巨公"和"百代文宗"之名。"务去陈言""文从字顺"等成语都出自他的写作理论。苏轼赞誉他"文起八代之衰，而道济天下之溺，忠犯人主之怒，而勇夺三军之帅"，乃千古公论。

闭门羹

"闭门羹"，指上门拜访时主人不在家，也指主人在家但客人被拒绝进门，或者遭受其他冷遇。

据后唐冯贽的《云仙杂记》记载，宣城地区有一位歌伎名叫史凤，才貌出众，色艺双绝，远近的名门公子纷纷登门求见。但是史凤眼光高，"待客以等差"，对待客人分等级，看人下菜碟。

她立下一条规矩：谁想见她，要先献上一首诗来。献上的诗水平很高，她才愿意与之相见；如果不好，则"以闭门羹待之"，也就是让丫鬟准备一碗羹送出来，意思是客人吃饱喝足就离开吧。

天长日久，主客之间便形成了默契，来访的客人见了羹，自然明白用意，也就不再勉强了。大家都知道这碗羹就是拒绝见面的意思，所以称之为"闭门羹"。

从那以后，如果有人拜访时遭主人回避、拒绝，没能相见，或者主人不在家，都可以说是"吃了闭门羹"。

在这个故事中，送一碗羹，比直接拒绝要委婉、客气多了，这也是懂得拒绝的智慧。

类似的还有"热脸贴上冷屁股"，一方热情、友好，却遇上另一方冷漠、嫌弃。

得之则生，弗得则死

　　《孟子·告子上》说："一箪食，一豆羹，得之则生，弗得则死。"意思是一碗饭、一碗汤，虽然简陋，但是吃了就能活，不吃就要饿死。

　　羹是中国的传统食物，最初一般是指带汁的肉，后来也指带汁的菜，渐渐地便有了"汤"的意思，指五味调和的浓汤。

—— **语文加油站** ——

你是我的解语花

　　《开元天宝遗事》记载了一个故事：皇宫里的千叶白莲开了，观赏的大臣贵戚都赞叹不已。唐玄宗却指着杨贵妃对左右说："争如我解语花？"——白莲再美，又怎么能跟我的解语花相比呢？意思是说杨贵妃不但容貌倾国倾城，而且性格温柔，善解人意。于是"解语花"就成为对女子的赞美之词。

河东狮吼

"河东狮吼"比喻女性嫉妒心强、性情凶悍。

苏轼：忽闻河东狮子吼

北宋时，有个官宦子弟叫陈季常，居住在黄州（今湖北黄冈）的龙丘，参禅礼佛，自称龙丘先生。苏轼因为"乌台诗案"，被贬为黄州团练副使。二人同在黄州，因此相识，成为好友。

陈季常十分好客，家里蓄养有不少歌伎舞女。每当有客人来，他就摆下宴席，让这些女孩以歌舞娱客。不过，他的妻子柳氏非常凶悍，而且善妒。每当陈季常宴客，让歌伎舞女助兴的时候，柳氏就醋意大发，在隔壁不断用木棍敲打墙壁，客人们尴尬不已，只好散去。

因为这种情况，苏轼戏作了一首诗送给陈季常，其中有几句：

龙丘居士亦可怜，谈空说有夜不眠。

忽闻河东狮子吼，拄杖落手心茫然。

河东是古郡名，是柳氏的郡望，在今天的山西永济地区。唐代诗圣杜甫就写过"河东女儿身姓柳"的诗句。

"狮子吼"一词来源于佛教，意指"如来正声"。佛教经典称狮子吼能镇伏百兽，所以佛家用来比喻佛祖讲经声震寰宇的威严。这里是用"狮子吼"来戏喻骄悍的柳氏大吵大闹的怒骂声。

苏轼用这寥寥几句，生动地描绘出柳氏的凶悍、陈季常的无奈，十分传神。

南宋洪迈的著作《容斋随笔》中记载了这个故事，"河东狮吼"成为一个典故，广泛流传。而那些怕老婆的男人也常被戏称为有"季常癖"，也就是我们今天常说的"妻管严"。

知识拓展

　　洪迈是南宋著名文学家，饶州鄱阳（今江西鄱阳）人，号容斋；父亲洪皓，哥哥洪适、洪遵，都是著名的学者，父子四人都是南宋重臣。洪迈博览群书，著有志怪笔记小说《夷坚志》，编纂了《万首唐人绝句》；最有名的是笔记集《容斋随笔》，是研究宋代历史的必读书，被推为南宋笔记小说之冠。洪迈的《容斋随笔》、沈括的《梦溪笔谈》和王应麟的《困学纪闻》，是宋代三大最有学术价值的笔记。

迷魂阵

"迷魂阵"，比喻使人迷惑而上当的圈套、计谋。

据说战国时期，齐国人孙膑与魏国人庞涓，同时拜鬼谷子为师，学习兵法。孙膑才华出众，庞涓总是略逊一筹，一直心怀嫉妒。

后来，庞涓成为魏国将军，他把孙膑骗到魏国，找借口迫害他，对他施以膑刑，即挖去膝盖骨。孙膑忍辱偷生回到齐国，成为齐威王的军师。等到齐国与魏国交战，孙膑大败庞涓，从此名扬天下。

而迷魂阵，相传就是当年双方大战的古战场，位于今山东省阳谷县城东北，被军事研究者称为战国故垒，是中国军事文化的活化石，也是当今保留最好最完整的军事旅游村。

迷魂阵村分为大、小迷魂阵。村子布局奇特，道路房屋的方向斜度不一，犹如迷宫一般。外来人进村，无法分清东西南北。当地流传一首民谣：

> 进了迷魂阵，状元也难认；
> 东西南北中，到处是胡同；
> 好像把磨推，老路转到黑。

据说战乱时期，乱兵、流寇、土匪都不敢进村打劫。

灌了迷魂汤

与"迷魂阵"词义接近的，还有"迷魂汤""迷魂药"，都是用来形容充满欺骗性的事物。形容形势严峻，局面扑朔迷离，就可以说"这是摆了迷魂阵"；形容一个人不听劝告、一意孤行，就可以说"你被灌了什么迷魂汤"。

— **语文加油站** —

一样米养百样人

意思是吃着一样的大米，人和人却千差万别。类似的还有"人上一百，形形色色"，意思是人多了，就会什么样的人都有。今天流行着一句新的俏皮话："大家都是第一次做人，差别怎么就这么大呢！"这些话都有相通之处。你能造出更多有趣的句子吗？

期期艾艾

"期期艾艾"，形容口吃，说话不流利，断断续续，重复颠倒。

历史上有很多名人都有些小毛病，比如口吃。"期期艾艾"这个成语的主角，就是两个口吃的人。

"期期"的主角是汉代大臣周昌。

秦末起义中，周昌追随刘邦入关破秦，后来官至御史大夫，封汾阴侯。《史记·张丞相列传》记载，周昌为人耿直，但是有口吃的毛病。刘邦称帝后，宠爱戚夫人。想废掉太子，把戚夫人的儿子赵王如意立为太子。但是遭到大臣们的反对。

刘邦召问周昌，问他的意见。周昌很着急地想要反对，结果越着急越口吃，最后说道："臣口不能言，然臣期……期……知其不可！陛下欲废太子，臣期……期……不奉诏！"弄得刘邦哭笑不得。刘邦想废太子的事情被搁置了，但是周昌"期……期"说不出话来的故事也被传为笑谈。

"艾艾"的主角是三国时的魏将邓艾。邓艾率军攻打成都，灭了蜀汉，功劳很大。但是后来被政敌钟会陷害，被杀。

《世说新语》记载，邓艾有口吃的毛病。古人说话时，第一句是自称名字，相当于今天人们说话，一开口会是"我如何如何……"但这个开头对邓艾是一大挑战，他经常要费半天劲才能"艾……艾……"完。一次，邓艾参加权臣司马昭的聚会，轮到邓艾发言时，他又开始"艾……艾……"。司马昭就跟他开玩笑说："你老说艾艾，到底是几个艾？"

邓艾虽然口吃，但思维非常敏捷，他用《论语》中的话来回答司马昭："'凤兮凤兮'，本就是一个凤嘛。"据说邓艾号"伏鸾"，鸾也就是凤凰。所以，邓艾回答"凤兮凤兮"，除了用《论语》中的典故，同时也有指代自己的意思。

楚狂接舆与"凤兮凤兮"

晋代皇甫谧《高士传》记载：陆通，字接舆，是春秋时期楚国的著名隐士。接舆不满于当时的社会，自己剪去头发，佯狂避世，被称为"楚狂接舆"。《论语》中记载，接舆唱着歌从孔子车前经过，唱的是："凤兮！凤兮！何德之衰？往者不可谏，来者犹可追。"这是接舆故意说给孔子听的话，劝说孔子现在世道不好，有操守的人应该退隐避世，他说：凤凰啊，凤凰啊！为什么道德如此衰微？过去的已经不能挽回，不如着眼未来，未来的还来得及改正。"凤兮凤兮"是反复强调，指的是一个凤。

立锥之地

"立锥之地"，意思是插锥尖的地方。锥是居家生活中常备的工具，锥尖也就是一根钉子大小。"立锥之地"，就是以这么一小块地方来作为人的安身之处，比蜗居还蜗居，可见其困窘。

常用作"无立锥之地"，是说连立锥子的地方也没有，形容一个人极度艰难，没有立足之地。《庄子》中说，"尧舜有天下，子孙无置锥之地"；《吕氏春秋》说，"无立锥之地，至贫也"。都是指境况窘迫至极，没有安身之所。也常说成"无立足之地"。

《史记·留侯世家》记载，楚汉相争中，楚王项羽实力强大，汉王刘邦一直处于劣势，于是便请谋士郦食其出谋划策。

郦食其说："今秦失德弃义，侵伐诸侯社稷，灭六国之后，使无立锥之地。"

——秦朝灭亡，是因为它失德弃义，在灭掉六国后，各国后人连一丁点立足之地都没有了。

郦食其认为，正是这样，秦国才遭到天下人反对。如果刘邦现在能复立六国后代为王，发给他们印信凭证，那各国自然就会拥护刘邦而反对项羽了，汉王也就可以称霸天下了。这是希望通过取悦六国后人来笼络人心，刘邦听了后，便让郦食其立刻去办理这件事情。

　　恰好张良来找刘邦。刘邦正在吃饭，张良听说后，抢过刘邦手中的筷子，一边比画一边分析形势。张良认为，以汉王目前的情况，一旦分封六国后人，他们就会各自为政，不会再帮助刘邦打天下了。刘邦猛然反应过来，气得吐出嘴里的饭，骂道："郦食其这个书呆子，差点儿坏了我的大事！"当即废止给郦食其的命令。

你有张良计，我有过墙梯

　　意思是你有你的厉害计谋，我有我的应对办法，谁也不怕谁。

　　张良的计谋很厉害，我们已经知道。"过墙梯"又是什么？《墨子》记载，楚国准备攻打宋国，请公输班（鲁班）制造攻城的器械——过墙梯。墨子知道过墙梯的厉害，便找到楚王说：如果公输班帮你攻城，那我就要帮宋国守城。为了向楚王展示实力，墨子和公输班就在楚王面前，进行战争推演。墨子守城，公输班进攻了九次，都失败；公输班守城，墨子第三次进攻就成功了。楚王被迫放弃攻打宋国。

见风使舵

"见风使舵",意思是看好风向后,再转动船的舵柄。这句话原本是正向、赞成的态度。

在著名禅宗典籍《五灯会元》一书中,对"见风使舵"一词有很好的解释——

看风使舵,正是随波逐流,江湖行船,不能看风使舵,不肯随波逐流,舟必将会倾覆。

意思是在江湖里行船,正应该辨别风向,根据风向来操纵船舵,随着水流方向来行船。如果不能顺着风向和水流行进,最终一定会翻船。

后来这个词逐渐转为贬义色彩,形容看形势或别人的眼色行事,根据形势变化而改变立场或态度。比喻一个人处事圆滑、立场不坚定。也写作"看风使舵"。

不可否认,"见风使舵"有一定道理。俗话说,"识时务者为俊杰"。及时看清社会发展的趋势,把握其中的机遇,就能施展拳脚,成就事业。

但凡事都有度。过度投机钻营,把精力都用在察言观色、溜须拍马、跟红顶白的事情上,久而久之,众人心里自有公论。这样的人或许一时得势,但终究不会长久。没有人会喜欢这种"见风使舵"的"墙头草""变色龙"。

墙头草和变色龙

"墙头草"，顾名思义，生长在墙头的草。它们没有固定朝向，随着风向左摇右摆。用"墙头草"来比喻无主见、顺风倒的人，再贴切不过。

"变色龙"，是一种爬行动物，能根据环境的变化而改变自己身体的颜色。变色既有利于隐藏自己，躲避天敌，又有利于捕捉猎物。因为善变的特点，"变色龙"用来比喻那些善于变化和伪装，没有原则和立场的人。

在俄国作家契诃夫的小说《变色龙》里，金银匠赫留金被小狗咬了手指，便向警察奥楚蔑洛夫告状。奥楚蔑洛夫装模作样要秉公执法。在整个执法过程中，他的态度随着这条狗是否属于日加洛夫将军而反复变化，成为名副其实的"变色龙"。因为小说的成功，"变色龙"就成为虚伪逢迎、投机钻营者的代名词。

总之，"见风使舵""墙头草""变色龙"，都指那些善于随形势改变立场的两面派。

披裘负薪

裘：皮毛衣服。"披裘负薪"，意思是穿着皮毛类的厚衣服，背着木柴。形容人生活拮据但自食其力、志行高洁。

　　春秋时期，延陵季子出游，在路边发现一块金子。正是夏五月，天气炎热，"有披裘而薪者"，有个人披着裘衣、背着木柴走过来，一看就是生活困窘的人。延陵季子见了，便告诉他，路边有一块没有主人的金子，让他捡起来。

　　延陵季子是一片好心，没想到这位披裘公大怒，把镰刀扔在地上，瞪着他说："为什么你看起来身居高位，眼光却这么卑下呢！你相貌堂堂，语言却这么粗鄙！'吾当夏五月，披裘而薪，岂取金者哉！'"

　　我五月天还披着大棉袄来砍柴，只为自食其力，难道在你看来，我像那种会去捡别人遗落的金子的人吗？

　　这番话说得季子面红耳赤，大为惭愧。他是吴王最小的儿子季杞，身为贵公子，经常出使各国，善于辞令，见多识广，却从来没遇到过披裘公这样的人物。于是他连忙道歉，并请问对方高姓大名，披裘公不屑地说："你这个人见识浅薄，哪值得我说出姓名！"头也不回地走远了。

　　后来，有人据此画了一幅《五月披裘图》，南北朝时期的代表作家庾信为这幅画题写了赞词："披裘当夏，俗外为心，虽逢季子，不拾遗金。"

五月披裘，是因为连一件可换的衣服都没有，足见生活拮据；盛夏穿着冬衣去砍柴，足见为生存已别无他法。但即便如此，这个人仍不肯捡起路上的无名金。这是因为自食其力，心不觉苦。

"披裘负薪"用来形容身处贫贱之中，但品行高尚、志趣高洁的隐士。

许由洗耳

许由是尧帝时期的高士，品行高洁，受人尊敬。尧想把帝位让给他，许由坚决拒绝，进山隐居，以逃避政治。尧不甘心，派人去山里反复请求他出仕。许由觉得这些话污染了自己的耳朵，立刻跑到颍水边去洗耳朵。刚好他的朋友巢父牵着一头小牛犊来饮水，见此样子很奇怪。许由便说出原因。不料巢父听完，牵起小牛犊就往上游走："颍水已经被你弄脏了，怎么能给我的牛喝！"

拔葵去织

葵：冬葵，是古代的重要蔬菜之一。织：纺织、织布。种葵和纺织都是古代老百姓赖以谋生的事情。

"拔葵去织"，字面意思是拔掉地里的冬葵，停止纺织活动。实际含义则是做官者不与人民争利。

《史记·循吏列传》记载了官员公仪休的事迹。

公仪休是春秋时期鲁国的国相。他要求为官者不得和百姓争夺利益，做大官的不许占小便宜。有一回，在自己家里吃饭，"食茹而美，拔其园葵而弃之。见其家织布好，而疾出其家妇，燔其机"。

公仪休吃了自己家种的蔬菜，觉得味道很好。公仪休很满意，但是他接下来要做的，并不是对家里的厨子进行表扬，而是让人把自家园中的冬葵都拔出来扔掉。转眼看见妻子织的布，质量很好，就立刻把妻子逐出家门，还烧毁了织机。

公仪休的理由是：我已经有了官职，享受朝廷的俸禄，足够维持全家生活，这种情况下，妻子还在家里织布，家里的菜园还种着冬葵，这就太不像话了。国家的人口就这么多，消费能力就这个程度，盘子里的蛋糕就这么大，我怎么能和老百姓争利，让农民和织妇生产的物品无法卖掉呢！

拔葵去织的目的，正是要照顾老百姓的生活、收入！就像现在有些人，看见寒风中有老人在卖菜，冻得哆哆嗦嗦，就上前全部买下来。这两种行为，都是在最平常处见善举。

官不与民争利，是古代贤者公认的治国思路。《宋书·谢庄传》说："大臣在禄位者，尤不宜与民争利……拔葵去织，实宜深弘。"而公仪休恐怕是最早提出"禁止官员及亲属经商"并身体力行的人了。

知识拓展

悬鱼拒贿

东汉有个叫羊续的官员，为人清廉。他担任南阳太守时，有个下属想讨好他，知道这位上司不收礼，下属就买了几条活鱼送到羊续家里。羊续知道后，把鱼挂在门边。过几天下属又来送鱼，看到自己上次送来的鱼被挂在门边，明白上司是不愿接受他的馈赠，只得失望地离去。这就是"悬鱼拒贿"的典故，也作"羊续悬鱼"，表示为官清廉、拒受贿赂。

唐高宗时，司农官想把政府冬天库藏的剩余蔬菜，换季卖给百姓，去请示宰相苏良嗣。苏良嗣拒绝了，理由是如果政府去卖菜，老百姓种的菜就会卖不出去。

后来，养马场官员向皇帝建议把政府马圈里的马粪清理出来，卖给民间，一年可收入二十万贯钱。宰相刘仁轨不同意，理由也是官方不能与民间争利。

疯狂动物城

第二辑

白眼狼

"白眼"，意思是眼珠向上翻出，或向旁边转出眼白部分，表示看不起人或对人不满意。与"青眼"相对。

相传魏晋名士、"竹林七贤"之一的阮籍能作"青白眼"。如果是尊敬的人，他就双眼正视，这就是"青眼"；如果是不喜欢的人，他就两眼斜视，露出眼白，即为"白眼"。他尊敬好友嵇康，对其青眼相待，"青睐"一词即出于此；但不喜欢嵇康的哥哥嵇喜，见了就翻白眼。

"白眼"翻出来时，就像没有眼珠看不到东西的瞎眼。据说狼群中有一种"吊白眼"的狼最为凶狠，这种狼外眼角上吊，眼球白多黑少，看人凶光毕露，称为"白眼狼"。

人群中，总是有些人，在平日受人恩惠时恭恭敬敬、感恩戴德的样子，可是一转过头，翻脸比翻书还快，不但不感恩，还会出手害人。这种人，再见恩人时双眼一翻，露出白眼相待，就像瞎了眼一样，毫无人性，与"白眼狼"无异。

所以，"白眼狼"就用来形容那些忘恩负义、过河拆桥的人。

历史上不乏"白眼狼"式的人物。唐玄宗李隆基不顾左右谏言，极度宠信安禄山。而安禄山回报唐玄宗的是八年战乱，用铁蹄踏碎锦绣大唐。

与"白眼狼"类似的还有"中山狼"。

春秋时期，晋国大夫赵简子在中山狩猎，遇到一只狼，便拼命追赶。狼遇到东郭先生，想借助他的口袋躲避。东郭先生帮助了狼。可是躲过灾难之后，狼跳出布袋就准备吃掉东郭先生。幸好有过路的农夫出手打死了狼。明代马中锡根据这个民间故事创作了《中山狼传》，便有了"中山狼"一词。

"白眼狼""中山狼"，都是比喻得人恩惠后翻脸无情、恩将仇报的凶残之人。

子系中山狼，得志便猖狂

《红楼梦》中，贾家二小姐迎春的判词写道："子系中山狼，得志便猖狂。金闺花柳质，一载赴黄粱。"

"子系"二字合成繁体"孙"字，指迎春的丈夫孙绍祖。孙绍祖贫贱时曾在贾府摇尾乞怜，后来在京袭了官职，成为暴发户，小人得志，丑态毕露。贾家衰败后，孙绍祖立刻变脸向贾赦逼债，强娶迎春，将她虐待至死。"中山狼"正是用《中山狼传》的典故，形象地刻画出孙绍祖的险恶狠毒。

三脚猫

　　"三脚猫"形容一个人本事有限，对某事物略知皮毛但不能深究，或做事能力不够、技艺不精。类似意思的如 "二把刀""半桶水"，等等。

　　民间传说老虎跟猫学艺，学成之后就要吃掉猫。没承想猫留了后手，没教老虎爬树。所以，老虎即便成为百兽之王，仍然对逃到树上的猫无可奈何。

　　人们就用"三脚猫"形容半吊子功夫，技术不到家。

　　元末明初陶宗仪《南村辍耕录》记载了一首讥评时政的乐府词《水仙子》："说英雄，谁是英雄；五眼鸡，岐山鸣凤；两头蛇，南阳卧龙；三脚猫，渭水非熊。""非熊"即"飞熊"，姜太公的号。这词讥讽人们把三只腿的猫当成姜太公一样的人才。

　　明代郎瑛《七修类稿》记载：嘉靖年间，南京神乐观"有三脚猫一头，极善捕鼠，而走不成步"。这只猫捕鼠技术不错，却不能正常行走。所以老百姓就把有缺陷，不能尽善尽美者称为"三脚猫"。

　　"半桶水"也是技术不够精熟的意思。外面看是一只桶，里面只装半桶水，没有装满。比喻对某事物只大略会一些，但不精通，不能很熟练运用。人们常说"一瓶子不满，半瓶子晃荡"，意思是越有本事的人越谦虚、不自满，越没本事的人越沾沾自喜。

"二把刀"据说源于泥瓦匠行业。技术最好的师傅称为"头把刀"，负责垒墙角这些要求高的地方，也叫"把垛子"。技术不够好，能勉强凑合的师傅则称为"二把刀"。所以习惯上把粗通本事但不精湛的人称为"二把刀"。

三脚猫的功夫，半桶水的本事，二把刀的技术

　　人们把三脚猫、半桶水、二把刀合在一块来说，非常形象地刻画了本事不到家的一类人。

替罪羊

羊是古代祭祀中必不可少的祭品。祭祀时，用牛、羊、猪各一头叫"太牢"，是最隆重的祭祀；一头羊一头猪则是"少牢"。天子祭祀社稷用太牢，诸侯祭祀社稷用少牢。

《孟子》里记载了一个故事。有一次，齐宣王坐在堂上，看见有个人牵着牛从堂下经过，便问他要把牛牵到哪里去。那个人回答说要用牛来"衅钟"。这是古代铸成一口新钟之后，宰杀牲畜取血涂钟的仪式。

牛本身没有任何罪过却要被杀掉，齐宣王不忍心看牛哆哆嗦嗦的惊恐样子，于是便让那个人把牛放生。那么就不用祭钟了吗？当然不是。齐宣王说："以羊易之。"换一头羊来做祭品吧！

这就是"替罪羊"一词的出处。

同样是动物，齐宣王可怜牛，就用羊来替代，是不是有点假惺惺的意味？

孟子是这样解释的：这是国君仁心的体现。因为齐宣王当时只看到了牛而没有看到羊。君子看到这些动物活蹦乱跳的样子，就不忍心见它们死去；听到动物的哀鸣，就不忍心再吃它们的肉。所以有句话叫"君子远庖厨"。

如此说来，假设当时那个人牵了一头羊来祭祀，后世流行的可能就是"替罪牛"了吧。

在西方，羊也用于宗教祭祀

《圣经》中记载，上帝为了考验亚伯拉罕，让他把儿子杀掉来献祭。亚伯拉罕对上帝满心虔诚，深信不疑，正要动手的时候，飞来了天使拦住他，让他改用树林里的羊来替代献祭。

古犹太人在"赎罪日"这天会举行祭礼，通过杀掉羊和把羊放逐到旷野上，来转嫁人类的罪过。

再者，耶稣为了救赎世人的罪恶，被钉死在十字架上，牺牲自己奉献天主。所以教会通常把耶稣称为赎罪羔羊。

可见，羊一直作为牺牲，作为人类罪过的替代品而存在。"替罪羊"比喻那些代替人受过的人，悲剧色彩不言而喻。

丧家之犬

"丧家之犬"，指失去主人，无家可归的狗。比喻失去靠山后无处投奔、到处乱窜的人。

《史记·孔子世家》里说，一次，孔子到郑国去，和弟子们走散了，只好一个人呆呆地站在城东门旁边。郑国有人看见了，就对子贡说：东门有个人，他的额头像唐尧，脖子像皋陶，肩膀像郑子产，可是从腰部以下比禹短了三寸，看起来狼狈不堪，一副流离困顿的样子，"若丧家之狗"，像一条流浪狗一样。子贡找到孔子后，对他实话实说。

不料孔子欣然笑道："说我像条无家可归的狗，很对啊！确实是这样！"

作为中国传统文化的精神符号，孔子这个人似乎很难与"丧家犬"这个形象联系起来。但孔子面对艰难生活的欣然一笑，却是一点都不让人意外。因为他有奉行的理想和信念，心中有所秉持和坚守，自然能够坦然面对风雨。

现在，"丧家犬"用来形容一个人落魄潦倒、无处可去的样子。杜甫的诗中写过："真成穷辙鲋，或似丧家狗""昔若纵壑鱼，今如丧家狗"；元稹写过"饥摇困尾丧家狗，热暴枯鳞失水鱼"，都是对人的穷愁困苦的形象描述。

"丧家犬"有时也暗指人失去了某种势力背景和依靠，不再像往常那样光鲜体面。含有贬义色彩。这种"丧家犬"表面上看起来可怜兮兮，毫无战斗力，但千万别被假象所迷惑。一旦他们有了机会，马上就会跳起来咬人，从"丧家犬"变成"狗急跳墙"。

--- **语文加油站** ---

痛打落水狗

　　本性凶残的狗，落到水里后，就显得可怜兮兮、惹人同情了。但是不要因为落水狗的可怜神情就受了蒙蔽，而忘记它会咬人的本性。鲁迅先生在《论"费厄泼赖"应该缓行》中提出要"痛打落水狗"，对看似已经失败的坏人应继续打击，不能让其死灰复燃。

树倒猢狲散

猢狲：猕猴的一种，也泛指猴子。"树倒猢狲散"，顾名思义，树倒了，树上的猴子就会四散而去。比喻有权有势的人一旦垮台，依附他的人就跟着一哄而散了。这是一个贬义词。

宋代庞元英《谈薮·曹咏妻》说："宋曹咏依附秦桧，官至侍郎，显赫一时。依附者甚众，独其妻兄厉德斯不以为然。咏百端威胁，德斯卒不屈。及秦桧死，德斯遣人致书于曹咏，启封，乃《树倒猢狲散赋》一篇。"

曹咏依附权相秦桧，溜须拍马，阿谀奉承，深得秦桧欢心，于是官运亨通，当了侍郎，显赫一时。曹咏周围的人也来巴结他，希望能够晋升。这之中，唯独一个人不买账，那就是他的大舅子厉德斯。厉德斯只是个小官吏，却不肯攀附曹咏。曹咏大为恼火，百般刁难、威胁。只要厉德斯肯低头奉承几句，就可以升官发财，但厉德斯始终没有屈服。

秦桧死后，那些依附于他的大臣一个个倒台，曹咏也被贬到了新州。厉德斯听说后，非常高兴，便写了一篇《树倒猢狲散赋》寄给了曹咏。文中将秦桧比作一棵大树，把曹咏等人比作树上的猴子；大树一倒，猢狲四散，于国于家都是可喜可贺。曹咏收到这篇文章后气个半死。

此后，"树倒猢狲散"就用来比喻众人攀附权贵，而有权势的人一旦倒台，众人便纷纷散伙。

墙倒众人推

五代后唐时期，四川发生叛乱，唐明宗派权臣安重诲负责督运粮草。这期间，不断有人跟明宗说安重诲的坏话。明宗本已有了猜忌之心，便让安重诲改任河东节度使，并派李从璋到河东监视他。李从璋与安重诲本来就存在矛盾，便借此机会杀害了安重诲全家。"墙倒众人推"比喻人在失势、倒霉、受挫时，其他人乘机打击他，使他彻底垮台。

总之，人与人之间以势利相结交，终究不牢固。每个人都会根据利益选择立场。一旦对自己不利，就会分崩离析，大难临头各自飞了。更有甚者，还会乘人之危，趁火打劫，落井下石。

语文加油站

狗嘴里吐不出象牙

俗语"狗嘴里吐不出象牙"，比喻坏人说不出好话，粗鄙之人说不出高明的言语。明代大臣于谦，小时候头发梳成双角，有个和尚看见了，嘲笑说："牛头喜得生龙角。"于谦马上回答："狗口何曾出象牙！"这个回答不但对仗工整，且有力地反击了对方的嘲笑。

猢狲入布袋

猴子都有野性，上蹿下跳，一刻也停不下来；一旦钻进口袋，就被困住了，行动受阻。"猢狲入布袋"比喻不得不做不情愿的事，自由受到约束；也比喻落入了圈套，失去自由。

就像今天的小孩子，放学或者假期一到，就像小鸟出笼，小怪兽出山。而回到学校里上课，就要规规矩矩接受管理，也是"猢狲入布袋"了。

北宋欧阳修的《归田录》记载：梅尧臣以才名而著称当时，却仕途坎坷，始终沉沦下僚。晚年受到宋仁宗的召见，赐同进士出身。后来欧阳修主持修撰《新唐书》，仁宗皇帝命令梅尧臣也参与其中。

接到这个任命时，梅尧臣跟妻子说："吾之修书，可谓猢狲入布袋矣。"

——这次参与修书，可以说是好动的猴子被塞进布袋里，不得自由身了。

妻子笑道："君于仕宦，可谓鲇鱼上竹竿耶！"

鲇鱼全身黏滑，竹竿也是溜光圆滑。鲇鱼想上竹竿，是一直都爬不上去的。意思是说：你这辈子做官，跟鲇鱼爬竹竿又有什么区别呢！

妻子用这句话调侃梅尧臣在官场一直不能升迁。很多人听说了这件事后，都认为"猢狲入布袋"与"鲇鱼上竹竿"

是绝妙好对。

后来，汴京闹瘟疫，梅尧臣不幸染病离世。这时《新唐书》已经修完，但还没来得及奏呈仁宗皇帝。士大夫都为他感到惋惜。

知识拓展

天下英雄，入吾彀中

彀（gòu）中，指箭的射程范围。唐朝实行科举制，为国家选拔了大量人才。一次科举之后，唐太宗去视察，看到新录取的进士鱼贯而出，喜不自胜，说："天下英雄，入吾彀中矣！"天下优秀的人才都跳进我的口袋来了。

类似的组词方式还有"羊入虎口"，虎视羊为食物，羊入虎口，自然是送死去了。

坐山观虎斗

"坐山观虎斗"，指坐在山上看老虎互相争斗。比喻对双方的斗争采取旁观态度，等到两败俱伤的时候，再从中取利。

《史记·张仪列传》记载，战国时期，诸侯之间连年征伐。韩国和魏国交战一年有余，仍然胜负未分。秦惠王想出兵制止，便问群臣的意见。有人说应该武力干涉，有的说何必管他们呢。这时候，楚国使者陈轸恰好在秦国，秦惠王便问他的意见。

陈轸给秦惠王讲了一个"卞庄刺虎"的故事："卞庄子欲刺虎，馆竖子止之曰：'两虎方且食牛，食甘必争，争则必斗，斗则大者伤，小者死；从伤而刺之，一举必有双虎之名。'"

卞庄子想杀老虎，有人劝他说，这两只老虎在吃一头牛，一头牛不够两只虎吃，必然会引起争斗。两虎相争必有一伤，大者伤，小者死，这时再出手，杀掉剩下那只受伤的老虎，既得到了两只老虎，也得到了能杀死两只老虎的名声！

秦惠王顿时领悟其中之意，韩与魏正是两虎相争啊！于是他并没有立刻插手，而是从旁静观，等到韩国败绩、魏国也损失惨重之际，趁机发兵攻魏，结果大获全胜。

于是就有了"坐山观虎斗"这句话。

《红楼梦》中的狠角色王熙凤，对秋桐与尤二姐之间的争风吃醋，便采取了坐山观虎斗的策略，最终尤二姐吞金而死，秋桐则被娘家人领回去。

近义词还有"坐观成败""作壁上观""鹬蚌相争，渔翁得利""螳螂捕蝉，黄雀在后"，等等。

语文加油站

隔岸观火

隔岸观火，顾名思义，就是隔着河，在岸这边观看对面失火。比喻当别人遇到危险时，自己置身事外，不但不去救援，还抱着看热闹的心态袖手旁观。唐代有一位诗僧乾康，写了一首诗，其中两句是"隔岸红尘忙似火，当轩青嶂冷如冰"：对岸世俗生活中，人们熙熙攘攘，像房子着了火一样忙个不停；而寺庙这边，青山不语，万籁俱寂，冷冷清清。化用"隔岸观火"一词，把俗世的喧哗与寺庙的清寂进行对比。

挂羊头，卖狗肉

　　"挂羊头，卖狗肉"，顾名思义，挂着羊头，却卖狗肉。指表里不一、虚假欺骗的行为。

　　这句话是从"悬牛首卖马肉"演化而来的。

　　《晏子春秋》记载，齐灵公有个奇怪的爱好，喜欢让官里的侍女、妇人打扮成男人的样子。上有所好，下必效之。全国的女人都开始这么打扮，穿上了男人的服装。齐灵公也觉得这样不好，就派官吏去禁止她们，并且警告说：凡是这样穿扮的女人，都会受到严厉的惩罚。然而，虽然禁令很苛刻，也有人因此受到了惩罚，却收效甚微，屡禁不止。

　　齐灵公向晏子请教这是怎么回事。晏子回答说："君主使服之于内，而禁之于外，犹悬牛首于门，而卖给马脯于内也。"

　　意思是：您禁止宫外的妇人穿扮成男人的样子，却在宫里乐此不疲；您这么做，不就像是在门口挂上牛头，却在里面卖马肉一样吗？这样说一套做一套，国人都知道您不是真心要禁绝这类行为的。

　　晏子建议齐灵公内外一致，在宫内也不要让妇女穿扮男人的服饰。齐灵公接受了他的建议，宫内宫外一样要求，果然过了一段时间，全国都没有这种现象了。

　　南朝人刘昭为《后汉书》做注，其中有一条"悬牛头，卖马脯；盗跖行，孔子语"，与此意思相同：挂的是牛头，卖的却是马肉；说起话来满嘴仁义道德，做的却是强盗行径。

到了宋代,《五灯会元》里也说,有一些僧人看似德行高尚,能为人师表,其实是嗜好名利之徒,欺世盗名之辈,"悬羊头卖狗肉,坏后进初机,灭先圣洪范",令人痛心,亦为人不齿。

"挂羊头,卖狗肉"逐渐固定下来,成为常用俗语。

知识拓展

　　晏子名婴,字仲,谥"平",所以又称"晏平仲",一般都尊称为"晏子",山东高密人,是春秋时期齐国著名的政治家、思想家和外交家。晏婴为人机智,能言善辩,思维灵活,有政治远见,先后辅佐了齐灵公、庄公、景公三代国君,在内政外交各个方面的措施都十分得宜。代表齐国出使诸侯,能凭借才能不辱使命。我们熟知的"晏子使楚",就是著名的外交案例。事迹主要记载于《晏子春秋》中。关于晏子的典故很多,诸如"南橘北枳""摩肩接踵""挥汗如雨""二桃杀三士",等等。

画虎不成反类犬

"画虎不成反类犬"，比喻不切实际地攀求过高的目标，好高骛远，终无所成，反为笑柄。也比喻效仿一样东西太失真，反而弄得不伦不类。

南朝范晔《后汉书·马援传》记载：东汉初年，伏波将军马援对子侄后辈教育十分严格，希望他们能成为有用的人才。马援听说侄子马严、马敦都喜欢讥议时事，喜欢结交游侠，便写了一封《诫兄子严敦书》，告诫他们："效伯高不得，犹为谨敕之士，所谓'刻鹄不成尚类鹜'者也。效季良不得，陷为天下轻薄子，所谓'画虎不成反类狗'者也。"

在马援看来，龙伯高和杜季良二人都有名士风范，但他希望子侄辈学习龙伯高，而不要学习杜季良。因为龙伯高敦厚谨慎，言语无可指摘，谦逊节俭又不失威严。即便学习他不成功，也不失为一个谦虚、谨慎的君子。就像人们所说的，想雕刻鸿鹄不成，至少还像是一只野鸭，大概的模样还是能做到的。而一旦学习杜季良不成功，只是表面模仿，追逐他呼朋唤友的样子，不分好坏地草率交友，就难免成为一个浪荡子、轻薄儿，成了纨绔子弟。就像人们所说的，画老虎不成，反而画得像狗一样，形神尽失。

后来，"画虎不成反类犬"就用来形容追求好高骛远的目标，实际结果却不伦不类的情况，有弄巧成拙的意思。也写作"画虎类狗""画虎类犬"等。

知识拓展

马革裹尸

马援是战国名将、马服君赵奢的后人，东汉名将。归顺光武帝刘秀后，成为东汉开国功臣。一生东征西讨，战功赫赫。他曾说"男儿要当死于边野，以马革裹尸还葬耳，何能卧床上在儿女子手中邪！"意思是男子汉可以为国捐躯，战死于沙场，用马的皮革包裹尸体，而不可以老病卧床，在儿孙辈的哭声中去世。这就是成语"马革裹尸"的出处。

初生牛犊不怕虎

"初生牛犊不怕虎"，指刚生下的小牛犊不惧怕老虎，因为不知道老虎的厉害。多用来形容年轻人，比喻青年人思想上顾虑少，敢作敢当，无所畏惧。

三国鼎立时期，刘备据守汉中称王，与曹操的部队围绕樊城展开了争夺战。刘备一方派出了大将关羽，曹操则派出了征南将军于禁，先锋官是庞德。

庞德是一员猛将，抬棺出征，以示决一死战之意。关羽最初并没把庞德放在心上，直到二人大战百余回合未分胜负，才认识到问题严重了。这庞德刀马娴熟，难怪曹操让他来做先锋。

关羽的儿子关平，担心父亲执着于个人胜负而忘了任务目标，于是赶紧劝道："俗云：'初生之犊不惧虎'。父亲纵然斩了此人，只是西羌一小卒耳；倘有疏虞，非所以重伯父之托也。"

——俗话说，刚生下来的小牛犊连老虎都不害怕。这个庞德是初入职场，不知道天高地厚，所以锐不可当。然而即便杀了他，也仅仅是杀了一个小兵小将，对关羽的名声没什么增长；可万一有一点闪失，反倒坏了关羽的名声，也辜负了刘备的重托。

关羽认为有道理，于是放下强攻，转而智取，最终赢下了战争。

后来，这个意思逐渐固定为"初生牛犊不怕虎"，用来形容年轻人的勇往直前、敢打敢拼。

知识拓展

无知者无畏

年轻人经历少，想得少，所谓"无知者无畏"。像梁启超的《少年中国说》所写的："少年人常思将来"，总是满怀"希望心"，想着"进取"，对不断进取的人来说，每天都是新的一天；"惟思将来也，事事皆其所未经者，故常敢破格"，向往将来，喜欢冒险，所以能够创造新的世界。

当然，年轻也有不足的一面，少不更事，涉世尚浅，刚进入一个领域缺少经验，往往被三分钟热血冲昏头脑，做事欠考虑，不顾后果。所以，有时"初生牛犊不怕虎"也带有贬义色彩。

如果既能有不畏艰险的勇气，又能保持冷静清醒的头脑，才是最好的"初生牛犊不怕虎"。

虎落平阳被犬欺

"平阳"，泛指地势平坦、明亮的地方。也有人说指古籍中的"尧都平阳"，也就是现在的山西临汾。

"虎落平阳被犬欺"，是说老虎离开深山，落到平地里就受困了，连狗也能欺负它。比喻有权有势者或有实力者失去了自己的权势或优势，被原本不如自己的人欺负。

在演义小说中，周瑜嫉妒诸葛亮的才能，总想害他，便设宴请他来对诗。诸葛亮毫不畏惧，泰然赴宴。

席间，周瑜先吟诗："有水也是溪，无水也是奚。去掉溪边水，加鸟便是鸡。得志猫儿雄过虎，落毛凤凰不如鸡。"

诸葛亮听出对方的戏弄之意，随口应道："有木也是棋，无木也是其。去掉棋边木，加欠便是欺。龙游浅水遭虾戏，虎落平阳被犬欺。"

周瑜听出对方是在讽刺自己的欺诈行为，不禁勃然大怒，便要动武。陪在一旁的鲁肃急坏了，慌忙劝道："有水也是湘，无水也是相。去掉湘边水，加雨便是霜。各人自扫门前雪，莫管他人瓦上霜。"

周瑜转念一想，恍然大悟，鲁肃说得有道理呀！于是和诸葛亮言归于好，两人同心协力，一齐对抗曹操，最终名传后世。

当然，这个故事有不同的版本，但意思是一样的：老虎虽是山中之王，可如果流落到平原地区，就失去了生存优势，连狗都会欺负它。

这句话常用在正面人物身上，落魄英雄在野狗当道之时寸步难行！文艺作品中的主角遭遇困难，空有才华却无法施展，又被宵小之辈刁难时，他们常会说："我真是'虎落平阳被犬欺'呀！"

这句话同时也提醒我们要利用"主场优势"：一定要尽量保持自己的优势，在优势环境里做事会更容易出成绩。

各人自扫门前雪，莫管他人瓦上霜

这句话在宋代便已出现。意思是各人做好各人的事，不要去管别人的闲事。这是一种"事不关己，高高挂起"的消极态度。

"猫哭老鼠"和"黄鼠狼给鸡拜年"

"猫哭老鼠假慈悲"通常作为歇后语使用。大家可能都听过这样一句："鸭见砻糠空欢喜，猫哭老鼠假慈悲。"也说成"猫哭耗子假慈悲"。

猫是老鼠的天敌，以老鼠为食物。老鼠死了，猫却掉眼泪，这种情况违反常理。比喻在别人有困难、遭受不幸的时候，假装慈悲，伪装同情心，以达到自己的目的，博取他人关注。

意思相近的说法还有"黄鼠狼给鸡拜年——没安好心"。这句话也是人们常用的俚语。

传说当年天帝下令召开动物比试大会，评出十二种动物代表十二地支。黄鼠狼为了减少竞争对手，偷偷摸摸去捉老鼠吃，却被鸡发现了。黄鼠狼连忙拱手作揖，恳求鸡不要出声。但是耿直的鸡却没给面子，响亮地鸣叫起来。这下子，黄鼠狼不但没吃成老鼠，还被其他动物发现了它的坏事，最终输掉了比赛。

从此以后，黄鼠狼就对鸡恨之入骨，时刻惦记着报复。但是为了让鸡放松警惕，每次碰到鸡，黄鼠狼还是会拱手作揖示好。

因为作揖通常是拜年的礼仪，所以就有了"黄鼠狼给鸡拜年——没安好心"的说法。

老虎挂念珠

老虎是百兽之王，吃人吃肉；而念珠是宗教用品，人们挂着念珠吃斋行善。这两种行为截然对立。老虎挂起念珠，是可笑的假慈悲。

西方也有一句著名谚语，"不要相信鳄鱼的眼泪"。传说凶狠的鳄鱼在吃人之前会先流下泪水，让人误以为它有怜悯之心。"鳄鱼的眼泪"比喻虚假的眼泪、伪善的慈悲。

这些谚语都是表达讽刺意味，形容凶残狡诈者的虚情假意、惺惺作态。

语文加油站

笑面虎

指那种表面笑脸相对，一脸和善，其实内心像老虎一样凶恶残酷的人。这种人表里不一，两面三刀、假仁假义。他们总是摆出一副笑脸让人放松戒备，但笑里藏刀，常在一团和气的表象下，暗地里耍阴谋诡计，想方设法排挤别人。

蚊子腿虽小也是肉

蚊子是生活中很常见的生物，也是最招人恨的物种之一。夏天的时候，蚊子活跃，叮在人身上，一叮就是一个大包。所以人们对蚊子都是深恶痛绝。

但不知道，你是否观察过蚊子？有没有在意过那细细长长的蚊子腿？我们古代人就细致观察过，并且还造出了一个很神奇的俗语：蚊子腿虽小也是肉！

在肉眼的观察中，蚊子腿长得像一根干草，细得像一根线，灰黑幽暗，毫无肉色，让人实在想象不出，蚊子腿怎么就跟"肉"联系到一块了。清蒸？红烧？哪怕是熬汤，蚊子腿也是毫无油水可言啊！

但古人真就造出了这么一句话，还在生活中、文章中用得很顺溜。

元朝有一首小令《醉太平·讥贪小利者》，顾名思义，就是讽刺那些贪心的人，连丁点微末小利也不放过。

是这样写的：

夺泥燕口，削铁针头，刮金佛面细搜求，无中觅有。鹌鹑嗉里寻豌豆，鹭鸶腿上劈精肉，蚊子腹内刳脂油，亏老先生下手！

意思是：这位老先生你"吃得太饿"，真下得了手！燕子一口一口衔泥筑窝，你要从燕子嘴里夺一口泥；针头尖尖又细细，你要从针头上削一片铁；佛像金身上你也敢去刮一层金，从"无"里搜刮出"有"；鹌鹑食囊也就一丢丢大，你要从中去抠豌豆；蚊子腹肠要用放大镜才找得到，你偏起心思要刮下一层油！

这里"蚊子腹内剜脂油"，比从蚊子腿上剐肉更狠了。

当然，在今天，"蚊子腿虽小也是肉"这句话发展出了一种褒义用法，即让人惜福，不浪费，珍惜自己拥有的。比如生活困难的时候，几个从前被随手扔在抽屉角落的硬币，搜集起来就能买几个馒头充饥。所谓"一文钱难倒英雄汉"，再大的英雄好汉，买一个装备要花费二十文，但你身上只有十九文，你也没辙。

所以，在特定情况下，小小蚊子腿也能派上大用场！

雁过拔毛

大雁从空中飞过，被看见了，也恨不得从大雁身上拔根羽毛下来。可见这样的人有多贪婪，眼里见到什么都想到要好处！

不入虎穴，焉得虎子

焉：哪里，怎么。"不入虎穴，焉得虎子"，意思是不进入老虎的巢穴，怎么能捉到小老虎呢？比喻不经历艰险，就不能取得成功。

《后汉书·班超传》记载，东汉大将军窦固派遣班超等人出使西域。一行人到了鄯善国，鄯善国王的态度前恭后倨。班超就和随从商议说，一定是匈奴使者到了，鄯善国王举棋不定。大家都不知道该怎么办。

班超说："不入虎穴，不得虎子。当今之计，独有因夜以火攻虏使。彼不知我多少，必大震怖，可殄尽也。灭此虏，则鄯善破胆，功成事立矣。"意思是：不冒险进入老虎的巢穴，就不可能得到小虎。现在的办法，只有趁着夜晚用火进攻匈奴使者。他们不知道我们有多少人，必定会感到震惊，心里害怕，这样就有机会被我们灭掉。只要消灭这些人，鄯善国王就会吓破胆，我们自然大功告成。

于是班超带着大家放火烧了匈奴使者的住处，杀掉了匈奴使者。鄯善国王一见事态无法挽回，只得表明立场，并交出王子作为人质，与大汉建立关系。回到汉朝后，班超受到嘉奖，之后又再次出使西域，最终封定远侯，史称"班定远"。

"不入虎穴，焉得虎子"体现了班超当机立断、有勇有谋的性格。现在用来比喻不冒危险就不能成事，不付出艰辛的劳动就难以取得成功。

投笔从戎

　　班超是东汉时期著名的军事家和外交家，陕西咸阳人。

　　班超年轻时家境贫困，为了生计，为官府抄写文书，每天埋头伏案，很辛苦。他曾经扔下笔叹息说："大丈夫无他志略，犹当效傅介子、张骞立功异域，以取封侯，安能久事笔砚间乎！"身为大丈夫，即便没有什么突出的才略，也应该学学傅介子和张骞，在异域建功立业，怎么能够老是干这抄抄写写的事儿呢！别人都嘲笑他，班超却说普通人怎么能明白壮士的志向呢！后来相面的人给他看过面相，说他有"万里侯相"，会在万里之外封侯。于是班超随奉车都尉窦固出击匈奴，又奉命出使西域，三十一年中收复西域五十多个国家，为民族团结做出了巨大贡献。后世就用"投笔从戎"指文人从军。

鸟尽弓藏，兔死狗烹

打完了飞鸟，就把弓收起来不用了；兔子死了，猎狗也就被煮着吃了。比喻事情成功之后，曾经出过力、卖过命的人被一脚踢开，被抛弃甚至杀掉。

"吴越争霸"是我国历史上浓墨重彩的篇章。

《史记·越王勾践世家》记载，春秋时期，吴越之间持续战争。先是吴国大败越国，越王勾践请降，在骗取吴王夫差的信任之后，被放归。回国之后，勾践在大夫范蠡、文种的辅佐下，卧薪尝胆，励精图治，富国强兵。他向吴王进献了美女西施，让夫差无心朝政；同时离间吴王君臣，设计害死忠臣伍子胥。最终越国反败为胜。

在越国的复国大业中，大夫范蠡和文种功不可没。勾践灭吴之后，拜范蠡为上将军，文种为丞相。范蠡坚辞不受，不顾勾践的再三挽留，坚决地离开了越国，乘舟浮海而去，后来隐居于齐国。

范蠡还悄悄写信给好友文种，提醒他说："飞鸟尽，良弓藏，狡兔死，走狗烹。" 范蠡说，从面相上看，勾践这个人心胸狭窄，只可共患难，不能同富贵。希望文种能早点离开，远离祸患。可惜文种不听，心恋富贵，不肯离开。果然没过多久，勾践就派人送来一把剑，让他自杀。文种后悔也来不及了，含恨而死。

历史上，"鸟尽弓藏，兔死狗烹"的故事一直不断上演。经过秦末战乱，刘邦建立了汉朝，于是开国功臣难逃厄运，先后被杀。淮阴侯韩信临死时曾说："果如人言：'狡兔死，走狗烹；高鸟尽，良弓藏；敌国破，谋臣亡。'天下已定，我固当烹。"

朱元璋建立明朝之后，更是通过各种罪名、冤案，将徐达、常遇春、刘基等开国名臣诛杀殆尽。

语文加油站

一朝天子一朝臣

意思是领导换了，那么手下官员的任命也会跟着变化。清朝有一个状元叫秦大士，很有才华。乾隆皇帝问他："你姓秦，是秦桧的后代吗？"

秦大士回答："一朝天子一朝臣。"——您别管我是不是秦桧的后代，您是皇帝，我是您任命的大臣，这就够了。

螳螂捕蝉，黄雀在后

"螳螂捕蝉，黄雀在后"，比喻只顾眼前利益，不知身后正有危险逼近。

《庄子·山木》中有一个小故事。一次，庄子在树林里游玩，看见树上落下一只奇怪的鹊鸟。庄子便拿着弹弓观察时机，准备捕鹊。这时，"睹一蝉，方得美荫而忘其身，螳螂执翳而搏之，见得而忘其形；异鹊从而利之，见利而忘其真"。他突然发现一只蝉正在树荫里休息；而树叶后面隐蔽着一只螳螂，在等待机会捕蝉；而鹊是想要捕螳螂。

庄子顿时感觉一阵惊恐。休息的蝉并不知道身处险境；捕蝉的螳螂自以为美味马上入口，对危险浑然不觉；鹊伺机捕螳螂，却不知道庄子的弹弓正瞄着它。那么我庄子的身后，是不是也有无法觉察的危险在等待着呢？

西汉刘向《说苑》中也有一个类似的故事。春秋时期，吴王决心攻打楚地，对大臣们说，敢提意见的都要被处死。吴王身边有个少年想了个办法，连续几天早晨都在王宫后花园里游荡，让露水打湿衣服。

吴王觉得奇怪，问他原因。少年说："园中有树，其上有蝉，蝉高居悲鸣饮露，不知螳螂在其后也！螳螂委身曲附，欲取蝉而不顾知黄雀在其旁也！黄雀延颈欲啄螳螂而不知弹丸在其下也！"树上有一只蝉吸着露水唱着歌，却不知道螳螂在它身后；螳螂想捕蝉，却不知道身后有只黄雀伺机而动；黄雀准备捕捉螳螂，也不知道有人的弹丸正要射向它。蝉、螳螂、黄雀都只顾眼前利益而看不到暗处的灾祸，这是危险的事情！

吴王听完深受启发，于是罢兵。

这两个小故事逐渐被总结成"螳螂捕蝉，黄雀在后"这句话，用来形容一环套一环的陷阱。也比喻目光短浅，只顾眼前小利，不知道潜在危险。

知识拓展

庄子是战国时期人，名周，著名哲学家、思想家、文学家，与老子并称"老庄"。他在唐代被奉为"南华真人"；代表作《庄子》也被称为《南华真经》。其作品具有浓厚的浪漫色彩，对后世文学影响深远。

刘向原名更生，字子政，是汉高祖的弟弟楚元王的四世孙，西汉时期的文学家、经学家。他和儿子刘歆一起，在古代图书编目整理方面贡献巨大。著有《说苑》《新序》《列女传》等。

盲人骑瞎马，夜半临深池

意思是盲人骑着瞎马，在漆黑的深夜里，在很深的水池边行走。比喻境地非常危险而不自知。

魏晋时代，文人名士间盛行相聚清谈，评议时政，讲论文学。《世说新语》中记载，一次，顾恺之、殷仲堪、桓玄相聚，玩文字游戏，相约作"危语"，也就是每个人说一句话来描述危险的情况。

桓玄说："矛头淅米剑头炊。"意思是用长矛的尖头淘米，用剑来烧火做饭。矛头、剑头都是锋利的部分，显然很危险。

殷仲堪说："百岁老翁攀枯枝。"意思是年纪很大的老头，在干枯的树枝上攀爬。枯枝易折，老人骨脆，也很危险了。

顾恺之说："井上辘轳卧婴儿。"意思是说井台的辘轳上睡着一个婴儿。辘轳容易滚动，婴儿躺在上面也是非常危险的。

正当大家气氛热烈地谈论着，旁边有一名参军，插嘴说道："盲人骑瞎马，夜半临深池。"瞎了眼睛的人，骑着一匹瞎马，漆黑深夜，走到深水池边，这真是危险至极的事情了。

殷仲堪说："确实太危险了！咄咄逼人啊！"因为

殷仲堪有一只眼睛失明，所以对"盲人""瞎马"这类词很敏感。

"盲人骑瞎马，夜半临深池"，形容没有目标、没有方向地瞎闯乱撞，已经深陷险境却毫无察觉。也比喻主客观条件都不具备，却仍盲目冒险行动，不知不觉中面临危险境地。

近义词有"如临深渊，如履薄冰"。

知识拓展

未若柳絮因风起

聚会清谈是魏晋风气。《世说新语》中还记载了一个故事。太傅谢安在一个下雪天，把子侄辈聚在一起，举行家庭沙龙。眼看雪越下越大，谢安很高兴，问孩子们："大雪纷纷扬扬，你们都来形容一下吧。"侄子谢朗应声说道："撒盐空中差可拟。"跟在空中撒盐差不多。侄女谢道韫却说："未若柳絮因风起。"不如用柳絮随风飞舞来比喻更合适。谢安欣然大笑，认为谢道韫的说法更精彩、生动。

谢道韫是古代著名才女。"咏絮才"也成为才女的代名词。《红楼梦》里写宝钗与黛玉的判词，"可叹停机德，堪怜咏絮才"，用的就是这个典故。

又要马儿跑，又要马儿不吃草

"又要马儿跑，又要马儿不吃草"，是说既要求别人能办好事情，又不愿意提供给对方相应的资源，付出相当的成本。也说成"又要马儿好，又要马儿不吃草"，或者"又要马儿跑得快，又要马儿不吃草"。

唐代文学家韩愈，在《马说》中写道："马之千里者，一食或尽粟一石。"一匹日行千里的良驹，有时一顿要吃一石食物。石是容量单位，这里是夸张的说法，强调千里马的与众不同。而人如果需要千里马，首先就要创造对等的环境和条件。

马吃饱了才能跑得快，这是自然而然的道理。不给马吃草，马就没有力气；要求没有力气的马快跑，这是违背事物客观规律的。

这句俗语多用来调侃提出要求一方的吝啬和格局小。清代和邦额《夜谭随录》里有个故事：有个富翁生性极为吝啬，快五十岁了还没有儿子，于是想要纳妾。聘礼给得极低，要求又极高。媒人又好气又好笑："翁所谓'又要马儿好，又要马儿不吃草'也！"

有时也用于选拔、任用人才的情况。希望能者多劳，但不给能者相应的补给。却不明白，没有弹药，肉身是无法成为铁军的。

在职场上，领导既要求员工多做事，做好事，又不给员工应有的待遇；既想让员工多劳动，又不想多支付报酬；只提加班，不给加班费，久而久之，"千里马"不是饿死，就是另觅他主了。

千金买马骨

有位国君让手下去买千里马，结果手下花费重金，只买了一具马骨回来。国君大怒，手下解释说：国君连马骨都肯花重金购买，人们听说了，自然知道千里马的价值更高，从而把千里马送上门来。后来果然如此。

战国时期，燕昭王就是采用了这招，从而招揽到大量人才。

南宋词人辛弃疾曾写道："汗血盐车无人顾，千里空收骏骨。"前面指用汗血宝马来拉盐车，比喻埋没人才；后者就是化用"千金买马骨"的典故，比喻渴慕人才、重视人才。

乱拳打死老师傅

临时抱佛脚

　　"临时抱佛脚"，原意是一个人上了年纪才信佛，以求佛祖保佑。唐代诗人孟郊在《读经》诗中写道："垂老抱佛脚，教妻读《黄经》。"人到垂垂老矣，才开始诵经念佛。这当然是诗人自己的调侃之言。

　　后来人们就把平时不做准备，出现紧急情况时仓促应付，称作"临时抱佛脚"。也说"临急抱佛脚""平时不烧香，急来抱佛脚"。

　　南宋张世南《游宦纪闻》里有个故事。古代南方有一个小番国，举国信仰佛教。有个人犯了法，按律当诛。官兵四处抓捕他。罪犯穷途末路，无处可逃，便一头冲进寺里，抱着佛像的脚忏悔起来。国王知道此事后，便赦免了他，让他剃度为僧。这个番僧的故事传来传去，就有了"临时抱佛脚"的俗语。

　　宋代刘攽《中山诗话》中记载，丞相王安石喜欢和

好口才

宜未雨而绸缪，毋临渴而掘井

　　出自清代朱用纯《治家格言》。告诫世人，要在没有下雨的时候就提前想着修补房子，不要等到口渴了才去挖井。

朋友说笑话。有一次与几个客人谈论佛教。王安石说：
"投老欲依僧。"

一个客人马上答道："急则抱佛脚。"

王安石说我这句是一句古诗。客人说我这句是一句俗谚，上句去掉"投"字，下句去掉"脚"字，正好得到一副好对子"老欲依僧，急则抱佛"。

王安石觉得有趣，也大笑起来。

生活中还有一些与"临时抱佛脚"意思相近的说法。

"临阵磨枪"，意思是到了快要上战场打仗的时候才磨刀擦枪，比喻事到临头才匆忙准备，往往作用不大。不过，也有人说"临阵磨枪，不快也光"，意思是临需要了才磨枪，尽管不会很锋利，至少比完全放弃不磨要强。这也是激励人们就算到了最后一刻，也要努力一下。

《黄帝内经》里也有一句话："夫病已成而后药之，乱已成而后治之，譬犹渴而穿井，斗而铸锥，不亦晚乎！"其中"渴而穿井，斗而铸锥"，是说口渴了才去挖井，临到危难时才想起铸造兵器，这就为时已晚了。好比一个人生病，病入膏肓了才想到治疗，就会来不及了。

春秋时期，鲁昭公失政，被季孙氏、叔孙氏、孟孙氏三大家族联合攻打，只得出逃到齐国。齐景公认为，鲁昭公已经认识到错误，如果送他返国，应该会有所作为。

齐国丞相晏子却说："溺而后问坠，迷而后问路，譬之犹临难而铸兵，临噎而遽掘井，虽速亦无及已。"落水的人早先不作预防，失足落水才想到应该防备；迷路的人在迷失方向之后才想起问路，这就好比敌人打过来了，才想起铸造兵器，口渴到极致了，才着急挖井取水，即使是以最快的速度进行，但也是太迟了。

知识拓展

　　《红楼梦》中，听说父亲贾政要检查功课，贾宝玉急忙补作业，王夫人就说他："'临阵磨枪'也中用？有这会子着急，天天写写念念，有多少完不了的？"
　　很多人犯"拖延症"，平时光顾着玩，到考试前才紧张复习，这就是"临阵磨枪"。

解铃还须系铃人

"解铃还须系铃人"，意思是谁把铃铛拴挂在老虎脖子上的，当需要解下铃铛时，就得仍让他来出手。比喻谁惹的麻烦，就需要谁去解决。

据《指月录》记载，金陵清凉寺有个法灯禅师，性情洒脱，终日无所事事，也没有什么精妙言论，所以大家都看不起他。只有法眼禅师对他颇为看重。

一天，法眼禅师问大家："虎项下金铃，何人解得？"

——谁能把系在老虎脖子上的金铃解下来呢？

众人面面相觑，没有一个能回答出来。恰好法灯禅师来了，法眼禅师就问了他同样的问题。

法灯禅师答道："系者解得。"在老虎脖子上系铃铛的那个人能解得开铃铛。

这个回答非常巧妙，得到了法眼禅师的称赞。经此一事，大家都不敢再小看法灯禅师了。

这个故事听着像脑筋急转弯，其实却很有智慧。后来这句话演变成"解铃还须系铃人"，并流传下来。

心病终须心药治

心理受到伤害，就要找到造成伤害的原因，对症下药，才能真正治好。《红楼梦》中，林黛玉听说贾宝玉将要和别人成婚，伤心之下，大病了一场；后来又听说婚事有变，老太太要给宝玉在众多表姐妹里指定一门婚事，黛玉自觉有了希望，病情一下子轻了许多。作者因此感叹："心病终须心药治，解铃还是系铃人。"

这告诉人们一个道理：每个问题都有原因，找到症结所在，一把钥匙开一把锁，要用关键人来解决关键问题。

语文加油站

蚊子打哈欠

"蚊子打哈欠——好大的口气"是常用歇后语，嘲笑有些人本事低微，说话的口气却大得吓人。也说蚂蚁打哈欠、蛤蟆打哈欠。但是，正如"燕雀安知鸿鹄之志"，蚊子虽小，志向也要远大，你说呢？

赔了夫人又折兵

"赔了夫人又折兵"，比喻本想占便宜，结果便宜没占着，反而遭受损失。

《三国演义》里有一个故事。

东汉末年，三足鼎立。刘备占据荆州后，孙权一直想要回来。周瑜便献上一计，让孙权假意把妹妹许配给刘备，把刘备诓骗到东吴来成婚，然后趁机扣留下来，作为人质，这样就能夺回荆州。

没想到这一招被诸葛亮识破。诸葛亮安排了猛将赵云陪刘备前往江东，经过巧妙的游说工作，最后孙权的母亲吴国太竟然真的将女儿许配给刘备为妻。成婚后，刘备带着夫人逃出吴国。周瑜带兵追赶，又被诸葛亮的伏兵打败。

孙权与周瑜被人嘲笑："周郎妙计安天下，赔了夫人又折兵。"既搭上孙夫人，又折损了士兵，不但便宜没占着，反而蒙受损失，被人奚落。

当然这是历史小说的虚构演绎。真实的历史是孙权出于政治因素将妹妹嫁给刘备，以制衡双方的势力。

偷鸡不成蚀把米

小偷去偷鸡，撒出一把米，逗引鸡过来吃，结果鸡没有偷到，反而损失了一把米。比喻本想占便宜反而吃了亏，既受了损失又没达到想要的目的。

同样是赔本买卖的还有"肉包子打狗一去不回"。狗是肉食动物，用肉包子打狗，只会被狗吃掉，当然是有去无回。这个俗语也是指本想获利，结果反而遭受损失。

语文加油站

杀敌一千，自损八百

据说这是从《孙子兵法》中引申出来的俗语。其实从字面意思也能看出，这种方法并不高明：当两军对垒时，即便己方士兵奋勇杀敌，敌方死了一千人，但己方也损失了八百人，敌我双方损失接近，其实等于两败俱伤。

识时务者为俊杰

时务：指客观形势或时代潮流。

《晏子春秋》中有个故事。齐国宰相晏婴出使楚国，楚国人嘲笑他："你们齐国以前多威风呀，都能跟我们楚国相比了。齐桓公不也曾称霸诸侯吗？怎么到了现在，以齐国的底子，加上您的智慧，还需要跑来跟我们楚国结盟？"

面对羞辱，晏婴不卑不亢地作了回答，其中有两句话说得非常好："识时务者为俊杰，通机变者为英豪。"意思是能够认清时代潮流，顺势而动，懂得权变的人，可以称为人间俊杰、英雄豪杰。人，认清自己已经很不容易，认清时代大潮更是考验知识和见识。所以"识时务者为俊杰"这句话，历来都是深得人们的认同。

诸葛亮作为中国传统文化中忠臣、智者的代表人物，在

"识时务者为俊杰"，可用于赞扬、规劝或告诫。

这个词本是褒义，但有时也正话反说，用来讽刺那种见风使舵，为了利害关系而放弃原则和立场的人。如：你还真是识时务者为俊杰啊，一丁点吓唬，你就把我们的计划向对手和盘托出了。

成为蜀汉丞相之前，一直隐居隆中，以耕读为业。他专心致志，研读大量经典著作，学富五车，积累了丰富的政治、军事知识，同时留意天下形势，对时事有独到见解。当时的名士司马徽以知人论世、善于鉴别人才而著称。刘备准备招揽人才，便去拜访司马徽。

司马徽说："儒生俗士，岂识时务？识时务者，在乎俊杰。此间自有卧龙、凤雏。"

——寻常儒生都是见识浅陋的人，怎么会了解当下的局势呢？能了解时局的才是俊杰。这样的人，只有卧龙（诸葛亮）和凤雏（庞统）。于是刘备"三顾茅庐"请出诸葛亮。诸葛亮也不负厚望，辅佐刘备建立蜀汉政权，"功盖三分国"，一生"鞠躬尽瘁，死而后已"，成为名臣的典范。

知识拓展

识时务者为俊杰，昧先几者非明哲

"昧先几者非明哲"，"昧"，糊涂、不明白；"先几"，即先机；事情发生之前，不能洞察先兆，那就不是真聪慧。所以，识时务固然重要，洞察先机更是难得。

机遇总是留给有准备的人。德国大文豪歌德也曾说过："善于捕捉机会者为俊杰。"真正的豪杰志士从来不会脱离时代，从来不会故步自封。他们关心时局，关注时代的发展与历史的前进方向，如此才能成就一番事业。

长江后浪推前浪

"长江后浪推前浪"，看过大海涨潮的人对这句话会有特别直观的印象：海浪一个接一个地涌过来，前一个波浪刚刚落下去，后一个波浪又高耸着涌过来，推搡着前一个波浪继续往前涌。比喻更有能力的新人超过原来的人，或更有能量的新事物胜过旧事物。

新人、新事物，是推动历史巨轮滚滚向前的最终动力。正如领袖毛泽东对青年们所说的：世界是你们的，也是我们的，但是归根结底是你们的！

俗语的神奇之处便在于，用日常生活中司空见惯的事物

江山代有才人出，各领风骚数百年

清代学者赵翼的《论诗》绝句说："李杜诗篇万口传，至今已觉不新鲜。江山代有才人出，各领风骚数百年。"意思是像李白、杜甫这样的大家，诗篇历经千年、被无数人传诵，现在读起来已经没什么新意了。每一个时代，每一个社会，都会有属于那一代人的精英人才，他们有才情、有智慧，成为自己所处时代的引领者。

孟浩然的诗句"人事有代谢，往来成古今"，表达的也是同样意思。

或现象，来说出一个新颖而深刻的道理。"长江后浪推前浪"这句话同样如此，它用一个简单的现象，说出了一个哲学问题：我们所处的世界，事物是不断发展变化的，新的事物不断产生，旧的事物不断灭亡，整个世界就是新事物不断替代旧事物的过程。

宋代刘斧《青琐高议》中说："我闻古人之诗曰：'长江后浪推前浪，浮事新人换旧人。'"类似的表达还有："只看后浪催前浪，当悟新人换旧人。"说的都是时代在发展，形势日新月异，原有的人才虽然创造过辉煌，但总会新出现一些更有能力的人，随着时势成为新的英雄，代替原来的人的位置。

这句俗语可与"一代更比一代强""一代新人胜旧人"等连用。

弄潮儿

既指每天和风浪周旋的水手，也指在风浪潮水中嬉戏的年轻人。如宋代潘阆的《酒泉子》写道："弄潮儿向涛头立，手把红旗旗不湿。"现在"弄潮儿"多比喻具有进取创新精神、敢于拼搏闯荡、走在时代潮头的人。

半路杀出个程咬金

"半路杀出个程咬金"，指事情原本很顺利，眼看胜利在望，却节外生枝，出现了意料之外的情况，突如其来的变故让人措手不及。

程咬金是历史上真实存在的人物，他是隋末唐初的一员名将，后改名知节，所以正史中多写作"程知节"。因为小说《隋唐演义》的传播，程咬金在民间知名度很高，是一个家喻户晓、受人喜爱的人物。他性格耿直憨厚，手使一把板斧，是一员猛将，也是一位福将。

隋末乱世，民不聊生，百姓揭竿而起。山匪首领尤俊达想抢劫隋炀帝的贡品，就找到程咬金入伙。两人联手多次抢劫成功。

每次行动，程咬金都是趁着押运途中，从半路杀出，手挥大斧头一阵砍杀。无论对方多少人马、多有本领，都被程咬金打败。程咬金也因此声威大震，于是便也有了"半路杀出个程咬金"的说法。

类似的词如"拦路虎"。

这个说法还让人想到"行百里者半九十"：如果目标是一百里路，那么即使走完了九十里，只要没有到达终点，就只能说是完成了一半。为什么呢？因为最后那一段路，说不定就会跳出来一只拦路虎，杀出来一个程咬金，导致功败垂成。所以，不到终点，不能松懈！

程咬金的三板斧

历史上，程咬金是隋末农民起义军领袖，后来随李世民讨平群雄，成为唐朝开国功臣，封卢国公，参与了"玄武门之变"，名列"凌烟阁二十四功臣"之一。

传说他梦中得到神仙传授武艺，刚学会三招就醒了，所以遇到对手时，功夫只有"三板斧"。打得过就打，不奏效就逃跑，所以也有"程咬金的三板斧"的说法，形容人的能力、办法有限。也用于自我调侃。如：我就会这三板斧，一旦搞不定，我也就没办法了。

— 语文加油站 —

有两把刷子

俗语"有两把刷子"，形容一个人有真本事，常常在出人意料的环境下显露出来，让人刮目相看。据说在古代，"有两把刷子"是那些有才华的文人的自谦之语，"刷子"指毛笔。对于古人来说，"笔墨纸砚"是他们行走职场的必要工具。精彩的文章、精美的书法都离不开毛笔，于是就有了这个说法。

小巫见大巫

巫，旧时靠装神弄鬼替人祈祷来骗取钱财的人。"小巫见大巫"，意思是小巫法术小，大巫法术强大，小巫见到大巫，法术不起作用，也就不敢施展自己的法术了。比喻相比之下能力悬殊，一个远远比不上另一个。

东汉末年，军阀割据，魏蜀吴三足鼎立。张纮和陈琳是同乡，但陈琳在曹魏做官，张纮则是东吴孙权的谋士。两人同为文学之士，经常通书信交流。一次，张纮见到一只做工精细的楠木枕头，十分喜欢，于是专门作赋一篇。远在北方的陈琳读过之后，赞赏不已，特意将这篇文章在宴客时拿出来传阅，并且不断地说："这是我的同乡张纮所作！"

不久，张纮也看到了陈琳新写的文章，不由得拍掌叫好，并马上写信给陈琳，称赞他文辞清新、见解独到，还说要好好向他学习。陈琳见信后十分感慨，便回信给张纮。

《三国志》里记录了陈琳的这封《答张纮书》："自仆在河北，与天下隔，此间率少于文章，易为雄伯，故使仆受此过差之谭，非其实也。今景兴在此，足下与子布在彼，所谓小巫见大巫，神气尽矣。"

景兴是王朗的字，子布是张昭的字，二人都是当时的名士。

陈琳说："我在北方，隔绝闭塞，无法与天下文人多交流。我这里文人少，所以我崭露头角相对容易，也因此得到大家的过度赞赏，实际上我并没有那么好的才学。现在王朗先生在这里，您和张昭在东吴，我比起来远远不如，差距很大，就好像小巫师遇见大巫师，没法施展法术了。"

陈琳在回信中极力展现一种谦虚的态度，所以"小巫见大巫"也被用于自谦。

类似的说法还有"班门弄斧""关公门前耍大刀"等。

陈琳，字孔璋，是东汉末年文学家，"建安七子"之一。他本来是大将军何进的主簿，后来进入袁绍的幕府。邺城失守，陈琳被曹军俘虏。曹操爱才，让他和阮瑀同管记室，军国书檄大多出自二人之手。代表作有《为袁绍檄豫州文》和诗作《饮马长城窟行》。

过目不忘俗语课

快刀斩乱麻

"麻"指麻线，"快刀斩乱麻"，比喻办事抓住关键，迅速果断地解决复杂问题。

《北齐书·文宣帝纪》记载："高祖尝试观诸子意识，各使治乱丝，帝独抽刀斩之，曰：'乱者须斩！'"

高欢是南北朝时期东魏的丞相，共有六个儿子，他想检验一下哪个儿子最聪明。一天，他把儿子们都叫过来，拿出一大堆乱麻，给了每人一把，让他们各自整理。看谁能最快最好地整理出头绪来。

孩子们面对乱麻十分紧张，简直是手忙脚乱，他们努力地把麻丝一根一根地抽出来，再一根一根地理好放在一旁。这样不仅速度慢，而且越着急越出乱，麻丝一下子结成了死结，根本解不开。

就在众人满头大汗之时，二儿子高洋却找来一把快刀，狠狠几刀，就把那些互相绞缠在一起的乱麻斩断了。

他说："乱麻就应该一刀斩断！"

然后他飞快地整理麻线，很快就理得整整齐齐。

高洋的表现令高欢十分惊讶，也十分高兴：这个孩子思路与众不同，方法行之有效，将来必定大有作为。果然，后来高洋夺取了东魏的江山，建立了北齐政权，即北齐文宣帝。已经去世的高欢被追尊为帝，庙号高祖。

这就是"快刀斩乱麻"，比喻采取果断措施，快速解决复杂棘手的问题。也写作"快刀断乱麻""快刀斩乱丝"，有时也省作"快刀斩麻"。

知识拓展

　　西方也有亚历山大大帝"剑砍绳结"的故事。马其顿帝国大军横扫亚细亚，来到弗尼吉亚城。面对古老的戈迪亚斯王预言——一个百年未解、找不到绳头的绳结，亚历山大大帝抽出剑来，一剑就把绳结砍成两截。

　　无论是高洋"快刀斩乱麻"，还是亚历山大大帝"剑砍绳结"，都告诉我们：解决问题应抓住要害，看准目标，方法上敢于创新，而且要即刻行动。

依样画葫芦

"依样画葫芦"，比喻照着样子模仿，形状上大概相似。

北宋魏泰《东轩笔录》里有一则故事。北宋初年，有个翰林学士叫陶穀，他在宋太祖赵匡胤身边工作，负责起草各种文告。时间一长，他自以为文笔高超、才能出众，想好好表现一下，谋求升职，便向宋太祖极力宣扬文字工作的重要性。谁知宋太祖却笑着说："颇闻翰林草制，皆检前人旧本，改换词语，此乃俗所谓'依样画葫芦'耳，何宣力之有？'"

——我听说翰林学士起草文告，无非是参照前人的旧本，其间不过换几个字句，充其量只是像俗话所说的，照样子画葫芦而已，有什么贡献可谈？

陶穀没有达到目的，深感失望，一气之下写诗自嘲，题在住处墙上，其中有这样两句："堪笑翰林陶学士，年年依样画葫芦。"

翰林学士真的只是"依样画葫芦"吗？当然不是，每个人的工作都有其重要性和独到的地方，宋太祖是武将出身，所以忽略了文人的创造性。不过从此以后，"依样画葫芦"一词却流传了下来，慢慢地也写作"照葫芦画瓢"。常用来比喻毫无创见地模仿别人，生搬硬套。

照猫画虎

有人没见过老虎，却被要求画一只虎，怎么办呢？别人给他出主意：虎和猫长得像，照着猫画就行。这就是"照猫画虎"，通常用来形容只知道单纯模仿，没有什么创新。有时也比喻勉勉强强地应付下来，能得形似。

今天人们常说的"山寨版"，其实就是现代社会的"照葫芦画瓢"。多指不良商家追逐利润，复制别人的技术和产品，通过仿造获利。

语文加油站

按下葫芦浮起瓢

古代，人们把葫芦剖成两半，制成舀水的瓢，平常就放在盛水的大缸里，浮在水面，取用方便。俗语"按下葫芦浮起瓢"，意思是刚把葫芦按下去，瓢又浮起来。比喻做事不能兼顾，顾了这头就顾不了那头。类似的成语如"顾此失彼"。当然，还有比这更棘手的情况，那就是"一波未平，一波又起"。

针尖对麦芒

　　见过麦粒或者稻谷的人应该知道，那上面有细细的刺样的东西，扎人会很疼，那就是"芒"。当针尖对上了麦芒，两者都很锋利，杀伤力很大，结果就是谁也占不到便宜。

　　所以，"针尖对麦芒"，用来比喻双方在言语或行动上针锋相对，不相上下。如：这两人都是暴脾气，一点就着，这不，因为一点小事，两人又针尖对麦芒地对上了。

　　相似的词有"针锋相对"。《景德传灯录》里说："夫一切回答，如针锋相投，无纤毫参差。"

　　还有"旗鼓相当"，旗、鼓都是古代作战用具，军队以摇旗、击鼓作为统一指挥进退的号令。"旗鼓相当"比喻对抗双方力量对等，不分高下。汉光武帝刘秀在统一天下的过程中，为了孤立占据四川的公孙述，便写信给割据甘肃的隗嚣说："如令子阳到汉中、三辅，愿因将军兵马，鼓旗相当。"子阳是公孙述的字。刘秀说，如果公孙述侵犯汉中、长安一带，希望能得到隗嚣的帮助，这样他和公孙述就实力相当了。

　　同样的意思，我们也说"棋逢对手，将遇良才"。

　　"棋逢对手"，指下棋的时候遇到技能高超的竞争对手，双方不相上下。晚唐时，和尚释尚颜爱好下围棋，技艺高超。诗人陆龟蒙也是围棋高手。二人因棋结缘，成为好友。陆龟蒙号天随子、江湖散人、甫里先生，自幼聪慧但屡试不第，只能做幕僚；因为不满时世而隐居。释尚颜见不到陆龟蒙，便写诗表达思念："事厄伤心否，棋逢对手无？"你还在为不幸的遭遇而伤心吗？碰到与自己棋艺相当的人了吗？

"将遇良才"，指两军对垒，双方的将领都是本领高强的人，打起仗来高下难分。《水浒传》中描写霹雳火秦明与小李广花荣在清风山下厮杀："真乃是棋逢敌手难藏幸，将遇良才好用功。"形容争执、冲突的双方势均力敌，比拼十分激烈。

注意，"针尖对麦芒""针锋相对"，强调的是对立、对抗的状态，"旗鼓相当""棋逢对手，将遇良才"，着重的是双方的力量对等。

知识拓展

如坐针毡

西汉重臣霍光，握有皇帝废立之权，汉宣帝刘询刚登皇位，心里畏惧霍光。《汉书·霍光传》记载："宣帝始立，谒见高庙，大将军光从骖乘，上内严惮之，若有芒刺在背。"在拜谒祖庙的时候，宣帝见到陪侍的霍光，就像有芒刺在后背扎着一样难受，内心惶恐，浑身不自在。

西晋杜锡性格耿直忠烈，担任太子中舍人期间，多次直言进谏太子。太子心里怨恨，故意在他坐的毡毯中藏了一些针，扎得他鲜血直流。

"如坐针毡"，用来比喻心神不定，坐立不安。

化干戈为玉帛

干戈是兵器，借指战争或者争斗；玉指玉器，帛是丝织品，玉帛是古代诸侯会盟时表示友好的礼物。所以"化干戈为玉帛"，就是放下武器、搁置争端，大家坐下来喝喝茶喝喝酒，友好相处。这是从战争状态转变到和平状态。

《淮南子》记载："昔者夏鲧作三仞之城，诸侯背之，海外有狡心。禹知天下之叛也，乃坏城平池，散财物，焚甲兵，施之以德，海外宾服，四夷纳职，合诸侯于涂山，执玉帛者万国。"

上古时期，洪水泛滥，尧帝任命鲧负责治理洪水。鲧的势力逐渐强大起来，他在自己的封地上建造了三仞（八尺为一仞）高的城墙来保卫自己，这个举动使得属下的部落、族群纷纷离心，背离他而去。这也让其他部落看到了机会，个个虎视眈眈，一有机会就要向鲧发起进攻。

后来，鲧治水不力被杀，儿子大禹继续履行治水的职责。大禹因地制宜，采用疏导的办法治水，带领大家埋头苦干，三过家门而不入，最终平定了水患。

大禹继承了部落首领之位后，深知鲧的方法不得人心，便下令拆掉城墙，填平护城河，还把财产分给大家，让民众的财富平均；同时销毁兵器以示和平，并用德行来教化人民。这样一来，四方安定，天下太平，各个部落首领都来归附，服从他的领导。

内部安定之后，大禹在涂山地区会盟诸侯，一时间万国来朝，进献玉帛珍宝。这样，大禹的地位确立起来。舜帝死后，大禹被推举为领袖，并成为中国历史上第一个王朝——夏朝的奠基者。

这就是大禹"化干戈为玉帛"的故事。鲧试图通过"干戈"来实现所有人的拥护，他失败了；大禹放下"干戈"，改为"玉帛"手段，却实现得意外顺利。其中的道理，就是这个俗语给后人留下的启示。

知识拓展

和为贵

《论语》中说："礼之用，和为贵。"意思是，礼的作用贵在促进和谐。"和"是儒家所特别倡导的伦理、政治和社会原则，并发展成处理人际关系的道德准则，反对争斗和对抗，倡导和睦、和气、团结、和顺的氛围与态度。

争斗只有破坏，合作才能共赢。"和为贵"是古人留给我们的经验智慧。

有志者事竟成

"有志者事竟成"，指有志向的人做事，最终会成功。

　　《后汉书·耿弇传》记载，耿弇是汉光武帝刘秀手下的一员名将。有一回，耿弇率兵攻打地方豪强张步，战斗进行得非常激烈，耿弇的大腿被一支飞箭射中，他抽出佩剑把箭砍断，又继续战斗，终于打败了敌人。为此，光武帝表扬了他，并且感慨地说："将军前在南阳，建此大策，常以为落落难合，有志者事竟成也。"
　　——将军以前在南阳时提出要攻打张步、平定山东一带，当初还觉得计划太大，担心难以实现。现在才知道，有志向的人，做事情终归是能成功的。

　　这句"有志者事竟成"，成为后世知名度最高的俗语之一。一个人有了远大而坚定的志向，必定会注意寻找并总结方法，这样的人一定会成功。

　　有一副非常著名的对联："有志者事竟成，破釜沉舟，百二秦关终属楚；苦心人天不负，卧薪尝胆，三千越甲可吞吴。"

　　上句写的是秦末战争中，以楚人项羽为首的起义军灭秦的故事。秦灭六国，楚地有歌谣说："楚虽三户，亡秦必楚。"意思是即使楚国只剩下屈、景、昭三大氏族，最终能够灭亡秦国的也一定会是楚国，表达了推翻暴政的决心。在对抗秦军的关键性战役巨鹿之战中，项羽率领全军渡河之后，让士兵饱餐一顿，每人带三天干粮，"皆沉船，破釜甑"，把所有渡船全部凿坏沉入河里，再把做饭用的锅全部砸碎。楚军将士见无路可退，皆怀必死之心，奋勇向前，最终大破秦军主力部队，不久秦朝就灭亡了。

下句是说春秋时期吴越争霸的故事。在吴越战争中，越国战败，越王勾践被俘。勾践忍辱负重，骗得吴王信任，被放回越国。为了报仇，他睡在草堆上，还在房子里挂了一只苦胆，每天都要尝尝苦胆，以磨炼意志。最终在谋臣范蠡、文种的辅佐下攻破吴国。

人们常说：无志者常立志，有志者立长志。这副对联道出了人生真谛。人要有志向，更要持之以恒。

知识拓展

落落难合

"落落"，疏阔辽远的意思，"落落难合"形容事情很大很远，难以实现；"落落"也有孤独的意思，所以"落落难合"也形容一个人性情孤僻，不合群。多作"落落寡合"。

相似的还有"落落寡欢"，形容心中孤单、寂寞，不开心、欢乐少、愁苦多。

瓦罐不离井上破

"瓦罐"指用来打水的陶罐。古人用绳子系着陶罐，从井里汲水；由于井壁都砌着硬砖，陶罐又很脆弱，稍一磕碰，"受伤"的自然都是陶罐，轻则出现裂缝，重则就是粉身碎骨。

俗语"瓦罐不离井上破"，说的正是这种情形。瓦罐用来打水，天天围着井口转，一个不慎，就破碎在井口边。这是瓦罐难以避免的命运。

西汉文学家扬雄曾经写过一篇咏物小赋《酒箴》，其中说到这层意思：打水的瓦罐悬挂在井边，身处高处，下临深水，稍一晃动，就有危险。一旦磕碰到井壁的砖，就粉身碎骨了。相比之下，皮囊的命运就好过得多，皮囊装着美酒，坐在天子的车上，出入皇宫，备受爱护。

扬雄的文章是以物喻人，用打水的瓦罐和盛酒的皮囊这两种器具迥然有别的遭遇来作对比，以抨击当时社会的不合理现象。

当时有两位官员，陈遵和张竦，是好朋友。陈遵生活奢侈，爱喝酒，性情豪放，常呼朋唤友，谈天说地；张竦则居处简陋，生活俭朴，很少交往，偶与人交谈，说的也都是学问上的事情。

陈遵读了扬雄的这篇文章，十分喜欢，对张竦说："我和你正像文中所写的那样。你就像那打水的瓦罐，活得小心谨慎，不敢稍有差池；我就像那盛酒的皮囊，纵酒任性，既享受了生活，官爵名位还不比你低。难道你不觉得，做盛酒的皮囊要比做打水的瓦罐更好吗？"

张竦回答说："各人有各人的性情，要我学你，我学不来；要你学我，也做不到。但是如果有人要学我，学不到也不会出大错误；而如果学你，没学到就容易学歪了。"

"瓦罐不离井上破"，常与"将军难免阵前亡"连用。将军常年带兵打仗，所以也最容易死在战场上。

这个俗语用来比喻常在有风险的环境中做事，难免遇到危险。现在可以用来总结情势，根据以往的大概率事件，预测一件事情的结果。也可以用来提醒那些在危险环境中做事，或者在重复性劳动中容易马虎大意的人，一定要提高警惕，谨慎再谨慎，"小心驶得万年船"。

知识拓展

陈遵投辖

陈遵是一个很有趣的人。《汉书·游侠传》记载，他有才能，不拘小节。他有个嗜好是喝酒。每次大宴宾客，为了尽兴，就把大门一关，把客人的车辖（插在车轮轴孔中，使轮子不脱落）扔到井里，天大的事情也要喝完酒才能离开。曾经有一位官员急着离开，陈遵自然不允，官员万般无奈，趁陈遵大醉之际，赶忙跑进内院去求陈遵的母亲。陈母就让他从后门溜出去了。这就是"陈遵投辖"的典故，现在常用来形容主人的热情好客。

语文加油站

常在河边走，哪能不湿鞋

经常在河边走路，鞋上难免沾上污泥，被水打湿。这个俗语体现了环境的作用。现在常用来比喻一个人从事的工作有某种利益可贪，时间长了，人就难免违反原则，贪图利益，如利用职权收受贿赂等。

宰相肚里能撑船

"宰相肚里能撑船"，这是很夸张的说法，形容一个人宽宏大量，有气度，能容纳别人。比喻为人处世豁达大度，待人行事宽厚仁慈。

三国时期，蜀汉政权在丞相诸葛亮去世后，政事由蒋琬主持。他有个属官叫杨戏，性情淡漠，寡言少语，也从不过度赞美别人。就算蒋琬和他交谈，他也常常不回应。这在其他人看来十分傲慢无礼，于是有人怂恿蒋琬治他的罪。蒋琬却不以为意，认为每个人都有自己的性格和脾气，杨戏本性不善趋附，不肯随声附和，也不随便臧否人物，这一点难能可贵。于是，当时的人们都称赞蒋琬"宰相肚里能撑船"。

明代思想家李贽有一副自题联："诸葛一生唯谨慎，吕端大事不糊涂。"用两位前朝名相诸葛亮和吕端的为人处世作风自勉。

吕端在北宋太宗末年出任宰相，为政清简，平和持中，朝野敬服。当时，另一位名臣寇准出任副相。吕端考虑到他性情刚直，怕他心理不平衡，就请求太宗准许他们轮流管事。凡事吕端都和寇准商量，甚至还把相位让给他。

当时有一些人很不理解，认为吕端糊涂。有一次，有一个小官员在一旁议论像吕端这样糊涂无能的人不配做宰相，被吕端的侍从听到了，便要去质问，却被吕端拦住。在吕端看来，一旦问出究竟，他就会记住这个官员，以后如果遇到和此人相关的事情要处理，他就难以保持公正的态度。所以还是不问为上。

这种揣着明白装糊涂、识大体、顾大局、不念恶的处理方式，体现了吕端的境界。所以宋太宗称赞他"小事糊涂，大事不糊涂"。宋太宗没说错，在他驾崩后，几个近侍想要废太子另立，吕端凭借大智大勇挫败了阴谋，扶立太子赵恒即位，就是宋真宗。在新旧更迭之际，起到了稳定局面的作用，吕端也成为宋代名相。

性情平和、心地宽厚的吕端，是"宰相肚里能撑船"的典范。

好口才 将军额上能跑马，宰相肚里能撑船

字面意思都很好理解：做将军的人，额头上宽得能供马匹驰骋；当宰相的人，度量大得能让船只行驶。都是形容人的度量很大。

"度量"一词，原本是计量长短和容积的标准，后来人们拿它比喻人的气量胸襟。战国时期赵国的蔺相如因为出使秦国有功，而被封为上卿，大将廉颇不服气，屡次挑衅，蔺相如以国家利益为上，以社稷为重，处处忍让，廉颇深感愧疚，最后负荆请罪，上演了一出"将相和"。人们敬佩廉颇知错能改，更敬重蔺相如的容人雅量。

大人不记小人过，宰相肚里能撑船

一个人做了错事，请求对方的原谅、宽恕时，常常说"请您大人不记小人过"。如果对方不计较，人们则说，这是"宰相肚里能撑船"；但如果对方仍是计较呢？人们往往就会指责他度量小、不够大气，却忘了这个人是被冒犯或者被伤害的一方。这样，做了错事的人没有得到惩罚，而被冒犯、被伤害的一方却受到指责。这无疑是不公平的。所以人们把"大人不记小人过，宰相肚里能撑船"放在一起来说，正是讽刺这种现象。

对待错事或坏事，并不是要一味地原谅、宽恕。有原则地宽容与忍让，才是人生的智慧。

无颜见江东父老

"无颜见江东父老"，意思是因自己的失败而感到羞愧，感觉到没有脸面，愧对支持自己的家乡人、亲友、团队。

长江的自然流向大体上是自西向东，但到了安徽、江苏等省境内，有一段是向东北斜流，所以在方向上就分出了东西和左右。因此，长江以东地区就称为"江东"。古人以东为左，所以又称"江左"。

《史记·项羽本纪》记载，公元前202年，楚汉战争进入尾声。西楚霸王项羽被汉王刘邦所败，退守垓下（今安徽省灵璧县）。刘邦用大军围困项羽，夜里命士兵高唱楚地的歌曲。项羽大惊，以为汉军把楚地都占领了，麾下军士也都思乡不已，至此军心瓦解。项羽带领八百骑兵突围，到了乌江边，前有大江阻挡，后有汉兵穷追不舍，真是穷途末路。

这时，乌江亭长驾着一叶小舟出现了，想要帮项羽渡江逃命。他对项羽说："江东的地方虽然不大，但也有数十万人，足以让您割据称王。现在只有我有一条小船，马上送您一人渡江，汉军即使到了，也没办法追上您！"

项羽慨然大笑："这是天要让我灭亡，我又何必再渡江逃跑呢！况且当年我项羽带领八千江东子弟一起渡江征战，他们都死了，就我一人活着回来。'纵江东父兄怜而王我，我何面目见之？纵彼不言，籍独不愧于心乎？'"

——纵使江东的父老兄弟怜悯我，让我称王，我又有什么面目去见他们呢？即使他们不说，我自己难道不觉得问心有愧吗？

想起宠爱的虞姬不惜以死相殉，起家的八千江东子弟死伤殆尽，项羽"无颜见江东父老"，无论如何也不愿一个人过江。他把自己的乌骓马赐给亭长，然后自刎于江边。功名霸业就此止步，令人无限唏嘘。

好口才 江东子弟多才俊，卷土重来未可知

项羽的悲剧故事令后人感叹不已。诗人杜牧曾说："胜败兵家事不期，包羞忍耻是男儿。江东子弟多才俊，卷土重来未可知。"这首诗正是对项羽自觉"无颜见江东父老"的回答：战场上，胜败无常，谁都不敢说自己只会胜不会败，所以即使败了，也要学会忍辱负重；况且江东还有那么多拥护你的青年才俊，有他们的支持，若干年后你卷土重来，与刘邦再争高下，也是完全可能的。只是杜牧的回答，项羽已经听不到了。

生当作人杰，死亦为鬼雄

项羽的自尊与骄傲赢得了后世的尊重。宋代词人李清照创作过一首《夏日绝句》："生当作人杰，死亦为鬼雄。至今思项羽，不肯过江东。"

大宋王朝的繁华帝国梦被"靖康之变"打碎，后来，李清照的丈夫赵明诚出任建康知府，有人发动叛乱，赵明诚不思平叛，反而弃城逃走。李清照为此深感耻辱。在路过乌江时，她写下这首绝句，借古讽今，通过颂扬项羽的慷慨悲壮，来讽刺南宋当权者，包括自己丈夫在内的一干人，软弱无能、苟且偷生。

语文加油站

东山再起

东晋名士谢安，年少时便负有盛名，但他辞去官职，隐居东山。直到年过四十，才再次出来做官，并在淝水之战中以少胜多，挫败了前秦的百万军队，使东晋局势转危为安。这就是"东山再起"的出处。现在多用来比喻失败后卷土重来，再度出任重要职务，或者重新掌握形势。

英雄无用武之地

"英雄无用武之地"，比喻有才能却没地方用，没机会施展。近义词有"怀才不遇"，反义词如"大显身手"等。

《三国志·诸葛亮传》记载，东汉末年，曹操平定北方，并继续挥兵向南，进攻荆州。荆州的刘备势单力薄，无法和曹操对抗，被迫逃到夏口。诸葛亮见情势危急，便去江东游说孙权，想要"东联孙权，北拒曹操"。

诸葛亮为孙权分析天下大势，陈述利害。他说：现在天下大乱，您据守江东，我主公刘备拥有汉南，都在和曹操争夺天下。现在曹操统一了北方，又向南攻破荆州，威震四海。因此，"英雄无所用武"——英雄也没有了施展才华的地方，所以我主公刘备来到这里躲避。您应该早做决断，要么勠力同心，联刘抗曹，要么就向曹操俯首称臣，束手就擒。

这个"激将法"非常有效，孙权勃然大怒，同意和刘备联手抗曹。

历史上，失去用武之地的英雄不在少数。

典故"闻鸡起舞""中流击楫"的主人公——东晋名将祖逖，率部北伐，收复黄河以南的大片失地，却因为东晋朝廷的忌惮，后援无人，最终忧愤而死。

过目不忘俗语课

南宋词人辛弃疾，一生力主北伐，以恢复中原为志向，却屡屡受到主和的当权派的弹劾，宦海沉浮，最终壮志难酬。"了却君王天下事，赢得生前身后名，可怜白发生"，正是辛弃疾无奈心境的写照。

林冲看守草料场
——英雄无用武之地

　　这是一句歇后语。《水浒传》中，豹子头林冲，因为妻子被太尉高俅的养子高衙内看上，屡遭陷害，误入白虎堂，被发配沧州，去看守草料场。林冲原是八十万禁军枪棒教头，如今看守草料场，有"万夫不当之勇"的花枪成了摆设，只能用来挑着酒葫芦，可真是"英雄无用武之地"了。

近水楼台先得月

"近水楼台先得月"，意思是临近水边的楼台先看到月光，比喻因为接近某些人或事物而抢先得到某种利益或便利。

范仲淹是北宋时期著名的文学家、思想家和政治家，文武兼备，官至参知政事，主导了著名的"庆历新政"改革。他的名篇《岳阳楼记》，因"先天下之忧而忧，后天下之乐而乐"一句而为后世景仰。

宋代俞文豹《清夜录》记载，范仲淹曾在杭州做地方官，为政清廉，举贤荐能。有个名叫苏麟的巡检官，常在外办公，范仲淹没注意到他。苏麟兢兢业业，却一直没有得到提拔，思来想去，他想到一个办法。既然范大人擅长诗文，他便向范仲淹献诗一首，其中有两句："近水楼台先得月，向阳花木易为春。"

字面意思是：靠近水边的楼台最先被月光照到，朝向太阳的花草树木更容易发芽。实际上是在委婉表达自己的不满，提醒范仲淹不要光顾着提拔眼前的官员，也要看到远处的人才。

借诗言志、托物表情是我国古代诗歌传统。范仲淹读到这句"近水楼台先得月，向阳花木易为春"，立刻就明白了苏麟的用意。经过一番考察，发现苏麟确是可用的人才，于是很快就提拔了他。

可惜苏麟的诗没有完整流传下来，只有这句"近水楼台先得月，向阳花木易为春"最为人熟知，而在流传中"易为春"也常常写作"早逢春"。这句话常用来比喻地处近便，所以能优先获得机会。有时候也具有贬义，讽刺那些利用某些方便而得到照顾、抢先获利的情况。

有时也写作"近水楼台"。

知识拓展

近墨者黑，近朱者赤

凡事都有两面性，"近"能得到便利，"近"也容易受到影响，跟好的人在一起，容易受到积极的影响；跟不好的人靠得近，就会受到消极的影响。魏晋时期的文学家傅玄在《太子少傅箴》中说："近朱者赤，近墨者黑；声和则响清，形正则影直。"近朱砂的会变红，近墨的会变黑；声音和谐则响亮，身形端正则影子直。

君子之交淡如水

"君子"指有学问、有品行、道德高尚的人。这句话是说君子之间的交情，重道义，轻利益，干净简单，清淡如水。出自《庄子·山木》："且君子之交淡若水，小人之交甘若醴；君子淡以亲，小人甘以绝。"

甘若醴，像美酒一样甘甜。小人之交像酒一样，初时热烈，越喝越乏味；相反君子之交如水，开头淡，越久却越浓。

君子之间因心怀坦荡，所以无须存有戒备之心。不用讲究太多礼节及客套话，不用过度地谦卑、逢迎。只需要轻松自然地交往，双方心境都像水一样清澈透明。

唐代诗人白居易与刘禹锡同岁，两人虽然同朝为官，但很久之后才在扬州见面。此时，两人都处于贬谪当中。白居易即席赠诗说："亦知合被才名折，二十三年折太多。"对刘禹锡的政治遭遇表现出深切的同情和不平。

刘禹锡也写诗赠答，这就是我们所熟知的《酬乐天扬州初逢席上见赠》："巴山楚水凄凉地，二十三年弃置身。怀旧空吟闻笛赋，到乡翻似烂柯人。沉舟侧畔千帆过，病树前头万木春。今日听君歌一曲，暂凭杯酒长精神。"

两人的友谊在此后的岁月中愈加真挚与坚固。刘禹锡去世，白居易写诗哭道："四海齐名白与刘，百年交分两绸缪。同贫同病退闲日，一死一生临老头。"令人动容。

北宋的范仲淹与欧阳修，共事于宋仁宗朝。范仲淹早有名望，屡屡上书进谏，锐意改革，因为触动保守派的利益，几次被贬。欧阳修与他同声相应，因此受到牵连，一同被贬。当与西夏关系紧张时，朝廷起用范仲淹出任要员安抚边境，范仲淹想趁机任用欧阳修，欧阳修却拒绝了这次机会。他说："昔者之举，岂以为己利哉！同其退不同其进可也。"之前支持范仲淹，只是因为负有同样的使命，并不是因为一己私利。君子可以一起被贬，却未必要一同升官。这番话，是对君子之交最好的诠释。

清代第一词人纳兰性德出身贵胄，却与一介寒儒顾贞观志趣相投，结成了深厚友谊，一首《金缕曲·赠梁汾》至今传诵。顾贞观的好友吴兆骞被冤案牵累流放塞外多年，纳兰性德费尽心力将他营救回京，帮助顾贞观完成心愿。这也是典型的君子之交。

知识拓展

陶渊明在《杂诗》中说："落地为兄弟，何必骨肉亲！"在《答庞参军》中也写道："相知何必旧，倾盖定前言。"唐代张九龄在《送韦城李少府》中说："相知无远近，万里尚为邻。"真正的朋友，平时见面可能并不频繁，音信联系也不一定很多，但是心理上的距离从不觉得疏远。有困难需要帮助时，开口求助，另一方也不会觉得突兀。

拿着鸡毛当令箭

　　商朝末代君主商纣王，荒淫无道，不好好工作，却挖空心思想着玩。他喜欢斗鸡，不但在宫殿里修建了豪华的斗鸡场所，还在上班时间带着文武百官一起观看斗鸡。上有所好，下必效之，举国上下斗鸡成风。

　　此时，周武王联合了八百诸侯一起讨伐商纣，进军朝歌。两军在牧野相遇。商纣的军队以奴隶为主。奴隶大军临阵倒戈，与周朝军队一起攻打商朝。

　　消息传到朝歌时，纣王正在观看斗鸡。恰逢一场结束，按照规矩，旁边的人从获胜鸡身上拔下一根箭尾羽毛献给纣王。纣王一听军情危急，顿时慌了神，他一眼看到围观斗鸡的百官中有个叫辛庚的将军，便像抓到了救命稻草一般，命令他立刻带领军队赶赴前线迎战，来不及取令箭，就顺手将手中的鸡毛交给了辛庚。

　　辛庚不敢怠慢，拿着鸡毛当令箭去调动军队。结果自然是商朝军队大败，周军攻进朝歌，商朝灭亡。

这就是"拿着鸡毛当令箭"的故事。

令箭，也叫令旗，是旧时军中发号施令所用的小旗帜，代表的是长官、上级的命令。

"鸡毛"是无足轻重的东西，不足为凭；而"令箭"却是军令的象征，可以发号施令、调动军队，极为正式和重要。

所以"拿着鸡毛当令箭"，就是讽刺那种拿着领导的非正式命令，甚至只是领导的只言片语，转而要求别人干这干那的小人。有狐假虎威、小题大做、借题发挥的意思。

类似的说法有"捧着臭脚当圣旨"。

知识拓展

小题大做

清代学者方东树在论诗著作《昭昧詹言》中，评价北宋诗人黄庭坚的诗作《云涛石》："全是以实形虚，小题大做，极远大之势，可谓奇想高妙。"

"小题大做"本指文章题目小巧平实，但主旨立意、思想格局等却高远宏大。现在多用来比喻事情处理得不合适，明明是件小事情，却故意夸大失实，影响舆论，制造麻烦。

聪明反被聪明误

"聪明反被聪明误"，意思是那些耍聪明的人，往往会因为过于聪明而弄巧成拙，反受其累。因为过度耍弄心机计谋，卖弄聪明，最终自己受苦。

《中庸》有一段孔子的话：

"人皆曰：'予知。'驱而纳诸罟擭陷阱之中，而莫之知辟也。人皆曰：'予知。'择乎中庸，而不能期月守也。"

予：我。知：智慧。罟：捕兽的网。擭：装有机关的捕兽的木笼。辟：同"避"。期月：一整月。

——人人都认为自己才智过人，可是已经被赶进罗网陷阱中了，却还不知道躲避；说是选择了中庸之道，却连一个月时间也坚持不下来。

世界上自以为是的人很多，他们骄傲自大，得意忘形，不知不觉间作茧自缚。不过也有明白人。宋代苏轼写过一首《洗儿》诗："人皆养子望聪明，我被聪明误一生。惟愿孩儿愚且鲁，无灾无难到公卿。"

"洗儿"是旧时风俗，婴儿出生后三天或者满月时，要给孩子洗身，亲人朋友们聚在一起，为孩子送上祝福。苏轼学贯古今，因反对王安石新法，屡被贬谪。在谪居黄州期间，家里添了一个男孩儿，取名苏遁。《洗儿》诗就是为苏遁而作。

苏轼自己因为天赋过人，在被人羡慕的同时，也被人嫉妒。聪明，真是一把双刃剑。这首七绝用戏谑语气，写出了对孩子的期待，并且融入了苏轼自己的人生遭遇，满含感慨。世人都希望自己的孩子聪明伶俐，苏轼却希望苏遁愚笨鲁钝，一生没有大灾大难，安安稳稳坐享富贵。这是正话反说，也是苏轼的人生经验总结。

机关算尽太聪明，反误了卿卿性命

《红楼梦》里的一首曲子《聪明累》，开篇就是"机关算尽太聪明，反误了卿卿性命"。这曲子写王熙凤费尽心机，耍尽权谋机变，最终贾府大厦倾倒，她自己也断送性命。

凡事皆有度。聪明是好事，但过度聪明也会把自己戕害。

车到山前必有路

"车到山前必有路"，比喻虽然有困难，但不必事先过于忧虑，事到临头总会有解决的办法。倡导的是不必为未来忧虑，顺其自然，保持乐观、进取的生活态度。常用于鼓励、劝慰。

当代作家周立波在小说《暴风骤雨》中写道："真是常言说得好：车到山前必有路，老天爷饿不死没眼的家雀。"

西方俗谚也说："上帝关上一扇门时，必定会为你打开另一扇窗。"

要相信，世上就没有真正的走投无路，任何危机都是有转机的，天无绝人之路。

船到桥头自然直

常与"车到山前必有路"连用。小木船行进时会因为水的阻力，船身歪歪扭扭，但一点也不用担心，船到桥下过桥洞时，自然而然地就会顺着水流而保持直向。

相似的还有"东方不亮西方亮"。都表示身处困境之时，不妨以超然、豁达的态度，坦然面对。

山重水复疑无路，柳暗花明又一村

出自诗人陆游的名篇《游山西村》。经历了一场山重水复的迷局，或许再转过一道弯，就会迎来柳暗花明。人们常引用这一句诗，来说明困局之中，突然出现转机。

何况，已经出现困境，自怨自艾也于事无补，与其自乱阵脚、自暴自弃，不如泰然处之。愁上加愁，石上添石，毫无意义。

当然，"车到山前必有路"不是一味放手、盲目乐观，而是"尽人事"之后的"听天命"。可以不成功，但每个人都应该努力过。

乱拳打死老师傅

"乱拳打死老师傅"，这是一句老百姓的戏言，指不讲章法做事，不按套路出拳，不照规则出牌，将所谓权威打败。这句俗语可以用在很多事情上，只要是不合常理的取胜，包括趁着混乱歪打正着的情况，都可以一言以蔽之："乱拳打死老师傅。"

有个笑话说一个拳师学艺归来，与妻子发生了争执。妻子气急要动手。拳师心想：我是专业人士，难道还会怕你？没承想，他姿势还没摆成，妻子已经张牙舞爪地冲上来，如疾风暴雨，风扫落叶，一顿乱拳将他打得鼻青脸肿，动弹不得。

事后，旁人问他：专业拳师为什么会败在围着灶台转的妻子手下？

拳师说：她不按招式出拳，我怎么招架？

"乱拳"就是不按招式出拳，不按常理做事，即便是经验丰富的"老师傅"，遇上这样的对手，找不到出拳的规律，摸不到应对的窍门，所以无奈落败。所谓"兵者诡道""出奇制胜"，就是这个道理。

反过来，"老师傅"被"乱拳"打死，是真的技不如人吗？其实是思维的僵化，盲目相信自己的经验，却不知道变通。

习武口诀说："技贵互变，理妙成圆。"学了武艺却不会灵活运用，不会因地制宜地变招，不管来敌是什么人，都用同样招式应对，这样的老师傅不输才怪。

拳脚功夫这点事，完全可以推衍到社会生活的各个方面。从一定程度来讲，是无数个突破常规的"乱拳"打死了故步自封的"老师傅"，才成就了今天飞速发展的社会。

知识拓展

瞎猫碰上死耗子

这是一个很欢乐的俗语："瞎猫"的实力本来是不足以捉到老鼠的，但架不住运气好，遇上一只见了猫也不知道逃跑的老鼠，所以竟然成功了。这样生动、形象的比喻，当然是老百姓的生活幽默，用来嘲笑那种各样条件都不具备，却稀里糊涂地把事情做成了的情况。

比如一个学习不努力的孩子，凑巧解答出了一道很有难度的题目，让本来已经准备好看笑话的大人目瞪口呆。这时，大人往往就会恨铁不成钢地甩出一句："你这是瞎猫碰上了死耗子！"

外来的和尚好念经

"外来的和尚好念经"，意思是外地来的和尚要比本地的和尚念经念得好，更容易得到认可。这个词在使用中偏贬义色彩，具有讽刺意味，用来形容有些人做事或处世不相信身边熟悉的人，而是盲目地信奉外来者。

据说禅宗马祖的老家在成都，父亲是卖簸箕的。马祖得道后，受邀还乡，引起全城轰动。人们激动不已，纷纷传说有一个很厉害的高僧，要来为信众讲经说法，机会珍贵，一票难求。

等见了面，大家一见"高僧"是他，都有些不以为意，嚷嚷道："原来是马簸箕的儿子呀！"

马祖不胜感叹："得道不还乡，还乡道不香！"——"道"是同样的"道"，但是在外地说，和在本地说，不同的听众在态度上就有很大不同。说白了就是"外来的和尚好念经"，这真是很讽刺的一种现象。

当然，反过来说，这种现象也有一定合理性。外来的和尚确实有自己的优势，不会被当地的既有思维限定住，不会被本地的人情世故束缚，若再附会上一些经历传闻，常会令人对其产生好奇心、敬畏心，怀有期待。而本地的和尚大家早就熟悉了，都知道他几斤几两，相对于人们来说，再没有

过目不忘俗语课

神秘感，他自己也不敢吹嘘作假。所以相比之下，外来的和尚更容易念经。

知识拓展

露从今夜白，月是故乡明

出自杜甫《月夜忆舍弟》。"露从今夜白"说的是二十四节气之一的"白露"，在农历九月份，从这一天起，天气逐渐转凉，水汽凝结为露；"月是故乡明"，是说家乡的月色最明亮、最撩人。家乡月和异乡月，其实是同一轮月亮，为什么给人的感受会不一样呢？其实是因为人的心理差异造成了感受上的不同。

说到底，"外来的和尚好念经"也是心理差异造成了感受的不同。其实，本地和尚未必念不好经，外来和尚也未必能把经念得多高明。

语文加油站

当一天和尚撞一天钟

常用俗语，有贬义的一面，指勉勉强强凑合过，计算着日子过一天算一天，十分敷衍；也有褒义的一面，指勤勤恳恳、忠于职守，在岗一天就干好一天的工作。实际应用中，多用其贬义，指人缺乏积极主动性，混日子。

瓜无滚圆，人无十全

第四辑

成也萧何，败也萧何

萧何是汉高祖刘邦的丞相。"成也萧何，败也萧何"，意思是事情办成是因为萧何，事情失败了也是因为萧何。指事情的好坏、成败全由于同一个人的作为。

《史记·淮阴侯列传》记载，秦末大起义中，韩信出身微贱，他先是投奔项羽，做了一个低级小官。项羽刚愎自用，听不进别人的意见。韩信待了几年，也没找到机会脱颖而出，失望至极，便改投刘邦。最初刘邦也没有重用韩信，只让他当了一名小军官，有一次韩信犯了军法，还险些被处死。

一次偶然的机会，刘邦的亲信萧何遇到了韩信。一番谈话后，萧何认为韩信是难得的人才，便向刘邦举荐。不料刘邦那时正处于一个内外交困的危险关头，根本顾不上韩信；韩信等了很久，终于心灰意冷了，不辞而别。知道消息后，萧何大惊，连忙跳上马，连夜把韩信追了回来。并再次跟刘邦说，如果要夺取天下，非重用韩信不可。就这样，刘邦拜韩信为大将军。韩信接手兵权后，果然屡战屡胜，功业累累，帮助刘邦统一了天下。

然而，刘邦称帝之后，猜忌心越来越重，先是解除了韩信的兵权，由"齐王"改封为"楚王"，不久又将他下狱，赦免后降为"淮阴侯"。韩信闲住长安，郁郁不得志。有人陷害韩信谋反，向刘邦的妻子吕后告发。吕后想除掉韩信，又怕他不肯就范，就同萧何商议。最后，由萧何设计把韩信骗到宫中，并以谋反的罪名处死了韩信。

综观韩信的一生，功成名就是因为萧何推荐，被杀丧命也是因为萧何设下的计谋。是非成败都是因为同一个人。所以说，"成也萧何，败也萧何"。

萧规曹随

　　萧何官至丞相，被称为"萧相国"。他死后，曹参继任丞相。有人质疑曹参既没有能力，只会亦步亦趋地按照萧何留下的规章制度做事；又没有责任心，光顾喝酒，不理朝政。曹参回答说："高祖和萧相国都是那么贤明的人，他们留下的制度，我有什么资格去更改？所以我这个宰相，只要恪守职责，遵循旧例不要走样，国家自然会越来越好。"这就是成语"萧规曹随"的来历。在曹参任上，西汉的政治经济稳定发展，人民安居乐业。

老将出马，一个顶俩

"老将出马，一个顶俩"，意思是说，年长而经验丰富的人，做起事来一个人顶得上两个人。

战国末期，秦国逐渐强盛，开始向外扩张。秦王嬴政准备先啃掉楚国这块硬骨头。他召集群臣商议计划。少壮将军李信心高气傲，认为二十万大军足以灭掉楚国。老将军王翦却说至少需要六十万大军才能有把握。大家都嘲讽王翦懦弱，看来已经年老不中用了。嬴政自然希望以少打多，于是就让李信和蒙恬率领二十万秦军攻打楚国。王翦受到嘲讽，便告老还乡。

三个臭皮匠，顶个诸葛亮

诸葛亮要带兵渡江，江水湍急，又没有船只。正当诸葛亮一筹莫展时，来了三个皮匠，他们用牛皮吹气后扎成牛皮筏子，帮助士兵们过了江。据说，这就是俗谚"三个臭皮匠，顶个诸葛亮"的出处。也有人说"皮匠"应该作"裨将"，即副将。但不管是"皮匠"还是"裨将"，这句话都是反映了人们的一个认识：一群不起眼小角色的共同努力，有可能爆发出堪比诸葛亮的能量。所以，一个人无论力量大小，都不可妄自菲薄。

得知秦国进攻，楚国派出老将项燕。项燕久经沙场，经验丰富，不和李信正面对抗，而是以逸待劳，让急功近利的李信吃了大苦头，部队伤亡惨重。蒙恬的部队也是死伤无数，秦军大败而归。

嬴政终于明白，还是老将有本事。他亲自跑去道歉，请出王翦。于是王翦带领秦国的六十万精锐大军进入楚地。他并不和楚军正面交锋，而是连续几个月养精蓄锐，驻扎练兵。时间久了，楚军粮草供应不上，军心意志也消磨殆尽，于是无奈撤退。这正是老将王翦等待的时机。他立刻下令追击楚军。一方是养精蓄锐几个月的秦兵主力，另一方是军心斗志涣散的楚军，结果可想而知。楚国就这样被灭了。

这就是"老将出马，一个顶俩"，一个老将军王翦带兵作战，顶得上李信和蒙恬这两位年轻的将领出征。

家有一老，如有一宝

经验是随阅历增长的；阅历是随年龄增加的。歌中唱"胡子里长满故事"，皱纹和白发里又何尝不是长满故事？无论什么时候，年长者的经验都不容轻视。经历过，处理问题驾轻就熟；没经历过，可能连门都找不到。所以人们也常说："家有一老，如有一宝。"又说："不听老人言，吃亏在眼前。"

箭在弦上，不得不发

"箭在弦上，不得不发"，意思是箭已搭在弦上，不能不发射。比喻自己虽然是执行者，却是被人指使，身不由己，不得不如此行事罢了。

汉末乱世，枭雄并起，都想浑水摸鱼，成就一番事业。很多读书人也被裹挟其中。陈琳曾在袁绍军中供职。袁绍和曹操相争，袁绍命令陈琳写一篇讨伐曹操的檄文。陈琳领命后，即刻提笔写成一篇文章，历数曹操的罪状，并且对曹操的祖宗三代进行辱骂。文章气势酣畅淋漓，文采斐然。曹操读过之后惊出一身冷汗。可惜，最终袁绍被曹操所败，陈琳也被活捉了，成为阶下囚。

开弓没有回头箭

弓拉开，箭射了出去，就再也不能收回来。如同覆水难收，好似瀑布无法倒流。引申为事情一旦做下，就再也不可改变。这句话虽然通俗，却特别耐回味。在使用中，"开弓没有回头箭"也用来形容做事勇往直前、决不后退的精神。如：开弓没有回头箭，既然我们选择了这条艰难的道路，就无须抱怨，没有后悔，也无法回头，唯一可选的只有风雨兼程。

曹操问陈琳："你之前给袁绍写的檄文，骂我就算了，为什么还要辱骂我的祖上呢？"

陈琳回答道："箭在弦上，不得不发耳。"

——我这是为形势所迫，不得已而为之呀。就像箭已经搭在弦上，容不得不发射。

大家都劝曹操杀掉陈琳。但曹操爱才，赦免了他，还把他留在身边。

现在，"箭在弦上，不得不发"用来比喻形势十分紧迫，已经到了不能不做的地步。

刀架在脖子上

出自《国语·周语》："兵在其颈，其隙至之谓乎。"这句话通常比喻危险极度逼近，万分紧迫；有时候也表示坚决的态度：刀架在脖子上了，横竖是一刀，该采取怎样的行动都要豁出去做了；有时候也表示受到危险胁迫，万般无奈之下只能接受某种结果。

王婆卖瓜，自卖自夸

看字面意思，就是一个王姓的婆婆卖瓜，自己夸自己的瓜好，为自己推销。其实，在民间故事里，王婆是"王坡"的谐音，而王坡可是个男人。

据说北宋时，西域人王坡擅长种哈密瓜。他这个人说话做事都婆婆妈妈，大家就索性叫他"王婆"了。后来，"王婆"为了躲避战乱而来到开封，继续种瓜为生。可是中原人不认识西域的哈密瓜，所以"王婆"的瓜滞销了。无奈之下，他只好跑到集市上，向过往的路人拼命推销，大夸特夸自己的瓜好吃，还提供试吃。免费的瓜谁不吃呢？大家抢着品尝。再加上瓜本来也够甜，于是，一传十，十传百，"王婆"的生意逐渐好起来。

正赶上宋神宗出宫巡视，也来到集市。看见百姓都挤在瓜摊边，一时来了兴致，也凑过去围观。

"王婆"没想到来了这么大一位"围观群众"，颤颤巍巍地奉上一块瓜。神宗皇帝尝了之后，赞不绝口。他见"王婆"吆喝得满头大汗，就问他何必费这么大的力气。

"王婆"一五一十说出原因。

神宗听了十分感慨："王婆卖瓜，自卖自夸，该夸就要夸啊！"

于是，这句话一下子传开了。

其实俗语都是人民群众在生活中不断应用、总结的结果。这句俗语并没有具体的典故出处，在流传过程中也说成"老王买瓜"。试想，如果第一个想到这句话的人想调侃老李、老赵，那么我们现在要说"老李卖瓜""老赵卖瓜"了。

酒香不怕巷子深

"王婆卖瓜，自卖自夸"算得上古代成功的营销策略。想要自己的产品得到认可，就要卖力推荐。有了第一个顾客，才能有第二个、第三个。简单直接，但也奏效快。

不过现在这句话带有贬义，用来比喻一个人自吹自擂，自己夸赞自己；或者商家用夸大的言辞来推销自己的产品，吸引眼球，招徕顾客。多数情况具有欺骗之嫌。

俗语"酒香不怕巷子深"，意思则刚好相反：只要酒好，就算是把店开在少有人来往的巷子深处，识货的人也会闻着酒香而来。

瓜无滚圆，人无十全

"瓜无滚圆，人无十全"是一句农村俗语，意思是没有一个瓜会是标准的满圆，也没有一个人会是十全十美不带缺点的。

瓜是自然物，人的重要在其社会属性。这句俗语，是从自然规律引申出社会规律。完美难寻，缺憾常在，这是铁律。

《资治通鉴》记载，唐太宗让封德彝举荐贤能，可是过了很久也不见他推荐一个人。太宗责问原因。封德彝说："不是我不努力行使职责，是现在没有杰出的人才可推荐啊！"

唐太宗说："君子用人就像是用器物一样，应该各取所长。"

唐太宗认为，古代那些贤明的君主之所以能治理好国家，并不是向别的朝代借人才来用的。负责人事任用的人该担心不能很好地鉴别人才，而不是一味苛责当今世界没有真正的人才可用。像封德彝这样对人才求全责备，没有一个人能满足他的推荐标准，长此以往，国家将无人可用了。

正是因为唐太宗有进步的人才观，他的身边聚集了魏徵、虞世南、房玄龄、杜如晦等名臣，君臣一起，留下了"贞观之治"

的盛世。

所以《论语·微子》说，君子"无求备于一人"。不能要求一个人各方面都齐备完美，这是周公用来教导儿子伯禽的道理。

宋代刘克庄也说："天下不能皆绝类离伦之材，君子未尝持求全责备之论。"

我们还常说"尺有所短，寸有所长"。比喻每个人都有不足之处，也都有可取之处。没有人全是优点，也没有人全是缺陷。

《楚辞》中的名篇《卜居》，相传是屈原所作，通过问答的方式，表现对政治现状的愤懑，抒发痛苦的心情。屈原就安身立命的大问题向郑詹尹卜问，列举了一系列黑白相对

金无足赤，人无完人

"金无足赤"，指黄金的纯度永远不可能达到百分之百。同样地，人也不可能完美到一点缺憾也没有。这句话的意思是，对人对事不能过于追求完美。出自宋代戴复古《寄兴》诗："黄金无足色，白璧有微瑕。求人不求备，妾愿老君家。"

其中"白璧微瑕"也是成语，指洁白的美玉上有细微的瑕疵。多用作褒义，表示虽有不足，但不损其美，瑕不掩瑜。

的情况，在诘问中表达坚定的立场。

最终郑詹尹说："尺有所短，寸有所长；物有所不足，智有所不明；数有所不逮，神有所不通。用君之心，行君之意。龟策诚不能知此事。"

——尺比寸长，但也有短处；寸比尺短，但也有长处；世间万物都有不完善的地方，人的智慧也有不明了的时候；术数有占卜不到的事情，天神也有难解之理。您还是按照自己的心志，实行自己的主张吧。再灵验的占卜也无法知道这些事啊！

人生的"三恨"与"五恨"

宇宙本身就是不完美的，包括人在内。

人非圣贤，每个人都是优点和缺点并存的；人生也一样，是在缺憾中追求完美的过程。

所以苏轼说："人有悲欢离合，月有阴晴圆缺，此事古难全。"

北宋名士彭渊材自言平生有"五恨"："一恨鲥鱼多骨，二恨金橘带酸，三恨莼菜性冷，四恨海棠无香，五恨曾子固不能诗。"

张爱玲则改为人生有三大憾事：一恨鲥鱼多刺，二恨海棠无香，三恨红楼梦未完。

越是追求完美，留下的遗憾越多。

矮子看戏，随人说妍

妍：美丽，好。

以前农村演戏的时候，都是搭建一个露天的台子，男女老少都挤在一起看戏。身材矮小的人站在人堆里，前后左右都是高个子，视线受阻，什么都看不见。但是虚荣心作祟，听到身边的人喝彩，他也喝彩；别人拍手，他也跟着拍手；别人叫好，他也跟着高声喊好。这就是"矮子看戏，随人说妍"，比喻一个人没有主见，只知道随声附和。

早在宋代，文学家朱弁就在《曲洧旧闻》里说：有些文人创作时，引用事例不追究具体来源，蹈袭前人，"譬侏儒观戏，人笑亦笑"。

《朱子语类》里也说：有些人认为某个人的诗好，某个人的诗不好，也只是听前人这么说，他也跟着这么说，"如

好口才 矮子看戏何曾见，都是随人说短长

出自清代诗人赵翼的《论诗五首》，是"矮子看戏，随人说妍"这句话的诗歌版。今天媒体发达，人们每天要面对海量信息。只有保持独立见解，不随大溜，不盲目从众，才不会成为那个"随人说妍"的"矮子"。

矮子看戏相似，见人道好，他也道好"，等到问他好在哪里，他根本不知道。

到了明代，李贽在《续焚书》中自述说：小时候听人家说孔子是圣人，值得尊敬，便也跟着尊敬孔子，至于孔子为什么是圣人却一点也不懂，不过是"矮子观场，随人说妍"。

"侏儒观戏""矮子看戏""矮子观场"，都是同样的意思，形容那些毫无己见，只会拾人牙慧、人云亦云的"应声虫"。

《朱子语类》是朱熹与弟子问答的语录汇编。朱熹字元晦，后改仲晦，号晦庵，是南宋著名理学家、教育家、文学家，是宋代理学的集大成者；他继承了北宋程颢、程颐的理学，是程朱学派的主要代表；他认为理是世界的本质，"理在先，气在后"，提出"存天理，灭人欲"的观点。有《观书有感》《春日》《泛舟》等著名诗作，著有《四书章句集注》《周易本义》等书。

朱弁是朱熹的叔祖，南宋初期的重要诗人。他出使金国时遭到拘禁，坚贞不屈，十六年后才被放归，曾因劝宋高宗恢复中原而得罪秦桧。

徙宅忘妻，剖腹藏珠

"徙宅忘妻"，意思是搬家时忘记带上妻子；比喻一个人粗心健忘到了愚蠢的程度。

"剖腹藏珠"，意思是剖开肚子，把珠宝藏进去；比喻为物伤身，轻重颠倒，本末倒置。

有一次，鲁哀公问孔子："寡人闻忘之甚者，徙宅而忘其妻。有诸？"

——我听说有个人丢三落四，搬家的时候连妻子都忘了带回新居。这是真的吗？

孔子说："还有比这更严重的呢。夏桀贵为天子，富有四海，却不思进取，反而荒淫废政，沉湎酒色，只知道享乐，最终众叛亲离，失去了天下。他不但忘记祖宗之道，连自己也忘了，这是最极端的健忘症了！"

到了唐代，一次，唐太宗问大臣们："吾闻西域贾胡得美珠，剖身以藏之，有诸？"

有个西域商人，偶然得到一颗价值连城的珍珠，生怕被偷走，左藏右藏都不放心。后来他竟然把自己的肚子剖开，把珍珠藏在里面。珍珠是安全了，可是他也没命了。唐太宗问：真有人会"剖腹藏珠"吗？

大臣们回答说：可能有吧。

唐太宗又说："商人爱珠不要命，愚蠢至极。有些官员因贪赃受贿而丧命，有的帝王因追求享受而亡国，难道不是和他一样愚蠢可笑吗？"

魏徵回答说："的确有这样贪欲无度以至于忘了自己身家性命的人。从前鲁哀公问孔子'徙宅忘妻'的事情。孔子就说过这不算稀奇，还有健忘得更严重的呢：'桀、纣乃忘其身！'"

唐太宗听后十分感慨，决心与群臣同心协力治理国家，以免被人讥笑。

前一个故事出自《孔子家语》，后一个故事出自《资治通鉴·唐纪》。徙宅忘妻、剖腹藏珠，听起来是愚蠢可笑的故事，但其实，生活中这样的人不在少数，只不过他们不自知而已。

人为财死，鸟为食亡

人因为追求财富，鸟为了争夺口食，而丢了性命。引申为贪婪，为了外在的利益，而不择手段、忘了危险。也用来表示对生命的感叹、悲悯：人活着便不得不去追求财富，鸟活着只能费尽心思地去寻找吃的。

在大多数时候，人是有很多可选项的，并不是没有钱就一定会死，所以，要以"人为财死，鸟为食亡"为诫，不要被欲望蒙蔽了自己的心智。

司马昭之心，路人皆知

"司马昭之心，路人皆知"，意思是一个人的野心或不怀好意非常明显，大家都看得出来。

司马昭是三国时期魏国权臣司马懿的次子。魏明帝曹叡驾崩，魏齐王曹芳继位，司马懿与大将军曹爽共同辅政。二人互相排挤，经过激烈的权力争斗，司马懿诛杀了曹爽一党，魏国军政大权自此落入司马氏手中。

司马懿死后，他的大儿子司马师不久便废掉曹芳，另立十三岁的曹髦为帝，气焰比他的父亲更加嚣张，但没多久司马师就病死了。大权转入司马昭手中。

司马昭不断铲除异己，打击政敌，准备取代曹髦。曹髦虽然年纪小，但很清楚形势。一次，他跟心腹近臣说："司马昭之心，路人所知也。吾不能坐受废辱，今日当与卿等自出讨之。"这司马昭的野心，是个人都知道，我不能白白忍受被推翻的耻辱，你们应该同我一起去讨伐他。

曹髦不顾大臣的劝阻，亲自率领左右仆从、侍卫数百人去攻击司马昭，结果被杀掉了。司马昭一手遮天，反而晋封自己为晋王。他死后，儿子司马炎篡魏自立。

后来，"司马昭之心，路人皆知"就用来说明阴谋家的野心非常明显，已为人所共知。

晋祚不长

《世说新语》记载，晋明帝问起前代得天下的原因，大臣王导便详细叙说了从司马懿开始，诛灭名门望族，培植同党，以及司马昭杀害高贵乡公曹髦等事情。晋明帝听后，羞愧得掩面伏在座位上，说："如果像您说的这样，司马家处心积虑，三代人谋划了这么长时间，晋朝天下又怎能长久呢！"

语文加油站

秃子头上的虱子——明摆着

这是一句歇后语。秃子头上光光亮亮的，有什么都显而易见；如果有个虱子，则一眼就能看到，所以显然是"明摆着"。形容一件事情不用多说，情势十分明显。比如一百个人考试，只有一个人得了满分，而规则是取最高分，那么应该录取谁，自然就是"秃子头上的虱子——明摆着"喽！

过目不忘俗语课

姜太公钓鱼，愿者上钩

姜子牙是中国古代杰出的政治家、军事家、韬略家，姜姓，吕氏，名尚，字子牙，号飞熊。史书中多称为"吕尚"。他受到周文王的礼遇，被拜为"太师"，尊称为太公望。商朝末年，纣王昏庸无道，姜子牙辅佐周武王伐纣灭商，建立周朝，被周武王尊为"师尚父"，封为齐侯，成为姜氏齐国的缔造者、齐文化的创始人。因为小说《封神演义》的流传，姜子牙成为家喻户晓的人物。

姜子牙在发迹之前，曾经隐居在渭水之滨，时常在水边垂钓。但是他钓鱼跟别人不同。《武王伐纣平话》描写他："立钩钓渭水之鱼，不用香饵之食，离水面三尺，尚自言曰：'负命者上钩来！'"别人钓鱼都用弯钩，并且挂上浓香的鱼饵，再把鱼钩沉到水里。鱼闻到香味来咬钩，就上了当，被钓上来。姜太公却用直钩，也不挂鱼饵，更不沉到水里，而是离水面三尺高。嘴里还念叨着："愿者上钩！"

过了一段时间，"愿者"来了，周文王姬昌打猎遇见了他，二人相谈十分投契，姜子牙被姬昌同车载归，委以重任。所以说，姜子牙钓的不是鱼，而是被执政者发现，以成就功业的机会。

"姜太公钓鱼，愿者上钩"，这句话多用来表示心甘情愿地接受别人的设计，就算是上了当也不后悔。孔尚任在《桃花扇》中说："这有何妨，太公钓鱼，愿者上钩。"

在后代，"太公钓""渭滨垂钓"等说法逐渐成为固定的文学意象，出现在诗文作品中。如李白诗中说"君不见朝歌屠叟辞棘津，八十西来钓渭滨"，刘禹锡写过"不作渭滨垂钓臣，羞为洛阳拜尘友"，罗隐写过"吕望当年展庙谟，直钩钓国更谁如"，苏轼也说"闻道磻溪石，犹存渭水头。苍崖虽有迹，大钓本无钩"，都是描写有才能的贤德之人隐居待用，如能让他们执政，必会天下大定。

语文加油站

周瑜打黄盖，愿打愿挨

三国故事充满智慧，今天我们使用的俗语有不少出自其中。比如"周瑜打黄盖，一个愿打，一个愿挨"。当时孙刘两方联合抗曹，东吴将帅联手演戏，老将黄盖故意在众人面前顶撞周瑜，周瑜借此惩罚黄盖，将他打得皮开肉绽。黄盖故作愤慨，假装投降曹操，骗取了信任，为赤壁之战的胜利埋下了伏笔。现在这句话用来形容双方都愿意的事情。

没有金刚钻，别揽瓷器活

"没有金刚钻，别揽瓷器活"，意思是说做事前先掂量一下自己几斤几两，如果能力有限的话，就别去做那种力所不能及的事情。

旧时，普通人家生活节俭，家里的瓷器盆碗之类的物件，即使破损也不会丢弃，都要送去修补。民间有专门从事这一行的手艺，就是"锔瓷"的行当。老匠人们用铜锔钉，就像订书钉一样，把瓷器的碎片，一片片"锔"起来，这些器物就可以重新使用了。

瓷器质地脆硬，想在瓷器上钻出孔眼来，难度可想而知，而"金刚钻"正是专门锔瓷的工具，能够在玉器、瓷器上钻眼打孔。别看只是一个小小的钻头，这可是锔瓷匠人们赖以生存的主要工具，是吃饭的家伙。没了金刚钻就什么也干不成了。于是就有了这句话："没有金刚钻，别揽瓷器活儿。"

人贵有自知之明。清楚认知自己的能力，有多大能量做多大的事情，没有两下子就不要去大包大揽干超出能力范围的工作。否则事做得一塌糊涂，人也会颜面扫地，得不偿失。

类似的说法如"没有梧桐树，引不来金凤凰"。

我国素有"栽桐引凤"之说。《诗经·大雅·卷阿》说："凤凰鸣矣，于彼高冈。梧桐生矣，于彼朝阳。"梧桐在传统文化中象征着高洁美好的品格。凤凰是传说中的百鸟之王，只在梧桐树上栖息。"没有梧桐树，引不来金凤凰"，比喻没有优越的条件、合适的职位等，就没有办法吸引来真正有才华的人物。

非梧桐不止，非练实不食，非醴泉不饮

《庄子·秋水》中有一个"惠子相梁"的故事。庄子与惠施是好友。惠施做了梁国的国相，庄子去看望他。有人对惠施说，庄子是来取代你的。惠施非常害怕，在国都搜捕了三天三夜。庄子听说之后去见他，告诉他：南方有一种鸟，名叫鹓鶵，要飞去北海。这种鸟洁身自爱，"非梧桐不止，非练实不食，非醴泉不饮"。"鹓鶵"是凤凰的一种，它不是梧桐树就不栖息，不是竹子所结的子就不吃，不是甘甜的泉水就不喝。此时一头鸱鹰得到了一只臭腐的老鼠，见鹓鶵飞过，以为是要来抢食，赶紧仰头瞪着它，还出声吓唬它。难道现在你惠施也想用梁国相位来吓唬我吗？

庄子在这里讽刺了惠施沉迷功名的人生。他用鹓鶵自比，展示了视功名利禄如粪土的高贵品格。现在，"没有梧桐树，引不来金凤凰"这句话通常用在人才任用上。企业、国家想要招揽优秀人才，就要为他们提供相应的沃土。

"聚蚊成雷"与"聚沙成塔"

"聚蚊成雷"，意思是许多蚊子聚到一起，声音会像雷声那样大。比喻说坏话的人多了，会使人受到很大的伤害。

西汉景帝时期发生了七国之乱。汉武帝即位后，为了防止类似事件发生，采取种种措施来限制诸侯王的权力。

《汉书》记载，有一次，几位诸侯王来朝，汉武帝设宴招待。武帝的异母弟中山靖王刘胜听到乐声就哭起来，向武帝倾诉说："众煦漂山，聚蚊成雷，朋党执虎，十夫桡椎。"大家都吹气，能将山移动；一只一只的小蚊子聚集在一起，声音也会如雷鸣一般；一个人势单力薄，可是结成朋党可以抓住老虎；一个男子力气小，可是十个男子合力就可以弄弯大槌。刘胜的意思是，希望汉武帝不要听信身边的谗言，影响兄弟之间的关系。

"聚蚊成雷"与"众口铄金，积毁销骨"意思相同，都是比喻积少可以成多，众口一词的诋毁会造成巨大伤害。

同样是聚少成多，聚小成大，"聚沙成塔""集腋成裘"的意思就要正能量多了。

"聚沙成塔"也说成"积沙成塔"，原指儿童用沙子堆成塔的游戏。佛经说："乃至童子戏，聚沙为佛塔。"认为小孩子做游戏，把沙子堆叠在一起做成佛塔的样子，都能与佛结下善缘，也能成就佛果。

"集腋成裘"，腋：腋下，指狐狸腋下的皮毛；裘：皮袍。

指狐狸腋下的皮毛虽小，但聚集起来却能制成皮衣。

"聚沙成塔""集腋成裘"两个词经常连用，比喻珍贵美好的事物都是积少成多。

《慎子·知忠》说："故廊庙之材，盖非一木之枝也；粹白之裘，盖非一狐之皮也。"

——建筑宫殿的木材不可能只靠一棵大树，纯白的狐皮大衣不是用一张狐狸的皮做成的。是一棵棵大树的木材建成了庙堂，是一张张狐狸皮做成了纯白色的皮衣。

知识拓展

　　"聚蚊成雷""聚沙成塔"说的都是积累。古人很注重积累。老子说"九层之台，起于累土"，荀子说"积土成山，风雨兴焉；积水成渊，蛟龙生焉"，都是讲积累的道理。

　　另有词语"声如蚊蚋"，意思是人说话的声音像蚊子一样细小。

天作孽，犹可违；自作孽，不可活

　　"天作孽，犹可违；自作孽，不可活"是一句常用语，指坏事做多了必定会自取灭亡。

　　太甲是商朝的君主，商汤的嫡长孙。他继位时，由老臣伊尹辅政。伊尹教导他要做明君，遵照祖先法制治国。最初太甲还算合格，但慢慢开始胡作非为，破坏商汤制定的法规，纵欲无度，朝政昏乱，百姓苦不堪言。伊尹规劝无效，只好将他放逐到商汤墓地附近的桐宫去反省，自己摄政当国，史称"伊尹放太甲"。太甲关在桐宫三年，认识到错误。伊尹又将他迎回都城，还政于他。

多行不义必自毙

　　《左传》中有个《郑伯克段于鄢》的故事。春秋时期，郑庄公和弟弟共叔段内讧。共叔段在母亲姜氏的支持下，不断扩充地盘。大臣都劝郑庄公早做打算。郑庄公说："多行不义必自毙。"意思是说：一个人坏事做多了，一定会自取灭亡。最终共叔段叛乱，兵败出逃，客死他乡。当然这是一个统治集团内部争权夺利、兄弟相残的故事。郑庄公是早就有所戒备，只是想让共叔段"不义"之名坐实而已。但共叔段的结果何尝不是咎由自取呢！

《尚书》里记载了太甲的自责之言：当初我不修明德，败坏祖宗法度，放纵私欲，给自身招来了祸患，"天作孽，犹可违；自作孽，不可逭"。

"孽"是灾祸、灾难，"违"是躲开、避开，"逭"是逃脱、逃避。这句话意思是：上天造成的灾祸，还能躲避；自己造成的灾祸，不能逃脱。体现了太甲悔过自新，勇于承担错误的态度。后来逐渐说成"天作孽，犹可违；自作孽，不可活"，强调自己闯的祸就要自己承担，罪有应得只能接受惩罚，无法逃避。

生活中常能看到一种普遍的免责声明：如遇自然灾害等不可抗力，不承担连带责任。狂风暴雨、山崩海啸不是人能决定的，所以不必担责。

而古往今来，"自作孽，不可活"者比比皆是。酒池肉林、炮烙之刑葬送了商纣王的江山；烽火戏诸侯让周幽王身死国破；阿房宫还没修完，秦朝已经灭亡。

知识拓展

自求多福

《诗经·大雅·文王》说："永言配命，自求多福。"人的脸面是自己挣来的，福气是自己求来的。

不服不行

第五辑

不打不相识

"不打不相识",指经过交手或者冲突而相互了解,从而成为朋友。

中国四大古典名著之一《水浒传》中,讲到浪里白条张顺和黑旋风李逵的相识,就是"不打不相识"。

宋江、戴宗、李逵三人在江边酒馆饮酒。李逵去船上向渔家讨要新鲜的鱼。一言不合,与渔船上的人打了起来。渔家主人正是浪里白条张顺,水性极好。张顺见李逵不讲理,便和他交起手来。李逵不是对手,被张顺摁在水里呛得晕头转向,连声叫苦。好在戴宗及时赶来,他与张顺早就认识,这才劝住二人。

戴宗说:"你两个今番却做个至交的弟兄。常言道:不打不成相识。"

这句话也常说成"梁山的弟兄——不打不相识"。梁山即《水浒传》中好汉们的聚居之地梁山泊。

两个英雄人物本是敌对关系,但是经过一番打斗而相互熟识,彼此志趣相投,惺惺相惜。历史上不乏这样的例子。

在文艺作品中,"不打不相识"是塑造人物常见的桥段。把角色放在激烈的矛盾冲突中,通过情节的逆转而制造强烈的效果,才能令人印象更加深刻。在写作时,这种手法很值得借鉴。

汉末群雄割据，其中就有破虏将军孙坚的长子、吴大帝孙权的长兄孙策。孙策像霸王项羽一样武勇，被称为"小霸王"。太史慈也是东汉末年名将，骁勇善战，曾为救孔融而单骑突围向刘备求援。当时太史慈是刘繇的部下，他与孙策在神亭相遇，两人经过一番激烈的对战，势均力敌，不分胜负。两人都对这一战念念不忘。后来，孙策势力越来越大，收服了太史慈。太史慈辅佐孙策、孙权兄弟南征北战，成为割据江东一带的军阀。

语文加油站

有则改之，无则加勉

出自《论语·学而》，意思是对于别人指出的问题，如果有，就改正；如果没有，就当作勉励，避免真的犯错。

一次，乾隆皇帝问尚书梁诗正："有人告你庇护同乡，希望你有则改之，无则加勉。"

梁诗正认为自己没有做错什么，也不辩解，只回答："我接受'无则加勉'这后半句。"

杀人不见血

"杀人不见血"，意思是杀人不露一点痕迹，连血迹都没有。形容害人的手段非常阴险毒辣。

唐代吴兢的《贞观政要》中，有一段唐太宗和许敬宗的君臣对话。

唐太宗问许敬宗："我看群臣之中你最贤能，但仍有人不断非议你，这是为什么呢？"

许敬宗回答道："春雨如油，农夫因为它滋润庄稼而喜爱它，行路的人却因为雨让道路泥泞难行而嫌恶它；秋月光明如镜，佳人因为能欣赏美景而感到高兴，盗贼却因为害怕月光照出自己的丑行而痛恨。天地包罗万象尚且不能令所有人满意，何况我一个普通人呢？我没有肥羊美酒去调和众人的口味。况且，是是非非的流言本就不应该听信，听到之后也不应该传播。如果君王盲目听信传言，臣子可能就要遭受诛杀；如果父亲盲目听信传言，儿子可能要遭受杀戮；夫妻之间听信流言，可能会离散；朋友之间听信流言，可能会断交；亲人之间听信流言，可能会疏远；乡邻之间听信流言，可能会产生矛盾。'人生七尺躯，谨防三寸舌；舌上有龙泉，杀人不见血。'"

龙泉是宝剑名。人只有七尺之躯，要谨防三寸之舌，谨慎对待传言；那舌头上就有一把龙泉剑，杀人是看不见血迹的。

　　唐太宗点头称是："你讲得很好，我会记住的！"

　　这段君臣对话是对流言危害的经典解析。"杀人不见血"就用来比喻那些恶语伤人、危言杀人，专门拨弄是非的阴险狡诈的行为。

　　类似的说法还有"杀人不眨眼"，形容极其凶狠残忍；"吃人不吐骨头"，比喻人的凶狠、残暴和贪婪。

杀人不眨眼将军，遇上不惧生死和尚

　　《五灯会元》里有一个缘德禅师的故事。

　　宋太祖麾下有一位大将曹翰，性情残暴，杀人如家常便饭。宋太祖发兵平定江南，曹翰率领人马闯入庐山寺。寺庙里的和尚四散奔逃，只剩下缘德禅师一个人，像平常一样淡然端坐在那里。他见曹翰进寺，不起身也不行礼。曹翰大怒，喝问道："长老不闻'杀人不眨眼将军'乎？"

　　——你没有听说过杀人连眼睛都不眨一下的将军吗？

　　禅师看着他，不卑不亢地答道："汝安知有'不惧生死和尚'邪？"

　　——你不知道有不惧怕生死的和尚吗？

　　曹翰被他的话震撼到了，默默退走。

不食嗟来之食

嗟：语气词，带有轻蔑意味，是不礼貌的招呼声，相当于"喂"。"嗟来之食"，意思是"喂，来吃吧！"原指怜悯饥饿的人，向他施舍食物，呼唤他来吃；后来多指具有侮辱性的施舍。

《礼记》是我国重要的儒家经典之一，是重要的典章制度著作，在宋代被列入"十三经"。《礼记·檀弓》里记载了一个故事。

齐国发生了严重的饥荒。一个叫黔敖的富人准备赈灾。他把做好的食物放在路边，供路过的灾民食用。这时，来了一个饥饿的人，他用衣袖蒙着脸，脚步拖拉，两眼昏昏无神。

黔敖左手端着食物，右手端着汤，叫道："嗟！来食！"

——喂！来吃吧！

这个灾民扬起眼神来瞪着他，说："予惟不食嗟来之食，以至于斯也！"

——我正是因为不吃别人这样施舍的食物，才落得这个地步啊！

灾民掉头便走。黔敖自知失礼，连忙追上去道歉。但这个人最终还是没有吃，因此饿死了。

后来，"不食嗟来之食"就用来形容人的骨气和品格，不肯为了一点利益就低三下四地放弃尊严、接受施舍。

其实关于"不食嗟来之食"，还有可讨论之处。就连曾子听到这件事后都认为恐怕也不用这样吧，黔敖这样喊他吃东西是有些失礼，当然可以拒绝；但他道歉之后，就可以去吃了。

大约可以将一句名言颠倒一下来总结：人不可无傲骨，但不可有傲气。

坚定的傲骨可以让人流芳百世，但盲目的傲气可能让人搭上性命。

志士不饮盗泉之水，廉者不受嗟来之食

《后汉书》中，乐羊子的妻子劝勉乐羊子时就说："志士不饮盗泉之水，廉者不受嗟来之食。"盗泉是一口泉水的名字。"盗泉之水"比喻以不正当手段得来的东西。有志气的人不喝盗泉的水，懂得廉耻的人不吃施舍的东西。都是比喻品行高洁，不肯苟且获利。

不分青红皂白

皂：黑色。青、红、黑、白是四种颜色。青和红、黑和白是对比色，也就是视觉效果刺激最强烈、色彩对比达到最大程度、对比最强的色组。对比色能让人的视觉明显地看到。所以"不分青红皂白"比喻不分对错、混淆是非、不问缘由。又作"不问青红皂白"。

《诗经·大雅·桑柔》说："匪言不能，胡斯畏忌。"意思是：不是我们不能说，但为什么心有顾忌呢？

汉代郑玄解释说："贤者见此事之是非，非不能分别皂白言之于王也。"贤明的人可以分辨出其中的是非曲直，并不是不能分辨黑白对错并向周王进谏的。

《红楼梦》中有一段，薛姨妈因疑心薛蟠多嘴导致宝玉挨打，训斥儿子，宝钗劝道："妈妈和哥哥且别叫喊，消消停停的，就有个青红皂白了。"

这几处的"青红皂白"，都是指事情的是非曲直、来龙去脉。"不分青红皂白"，引申为做事情不分黑白，也不问对错，行事草率武断，不明事理。

近义词有混淆黑白、是非不分、混为一谈；反义词有是非分明、黑白分明等。

过目不忘俗语课

黑白分明

　　意思是黑、白两种颜色有明显的区分、鲜明的对比。比喻是非、善恶、好坏都很清楚。

　　汉代董仲舒的《春秋繁露》中说："黑白分明，然后民知所去就。"意思是让情势明朗起来，老百姓就知道何去何从了。

语文加油站

丈二和尚摸不着头脑

　　意思是和尚（金刚）长得太高了，普通人抬起手也摸不着他的脑袋。比喻没有弄清楚情况。那么"丈二"有多高呢？秦朝时期，一尺合 23.1 厘米，项羽身长八尺，也就是身高 184.8 厘米，确实很高；丈二则接近 3 米了，当然让人摸不着头脑、弄不清状况。

有眼不识泰山

"有眼不识泰山"，这是自谦的客套话，字面意思是虽然长了眼睛，却不认识高大的泰山。比喻一个人见识少，格局小，眼界不够，认不出有地位、有本领的人。

不过这里所说的泰山，可不是诗圣杜甫笔下"岱宗夫如何，齐鲁青未了"的东岳泰山，而是一个人名，他是木匠祖师爷鲁班的徒弟。

鲁班被尊为木匠的祖师爷，本领强大，手艺高超，技艺简直巧夺天工，许多人慕名前来拜师学艺。鲁班教徒严格，为了维护声誉，会定期考查徒弟们，基础差的人会被淘汰掉。

有个徒弟叫泰山，看起来呆头呆脑，做起事来笨手笨脚，跟在鲁班身边的时间不短了，却一直没有什么进步。于是鲁班便让他回家了。

几年后，鲁班偶然在街头发现许多做工精致的家具，很受买家欢迎，连忙问是谁做的。答案令他大吃一惊，原来竟是那个被赶回家的徒弟泰山。

鲁班顿生感慨："我真是有眼不识泰山啊！"

今天，人们都用这句俗语来自谦，表示自己见识短浅，不知道对方实力强大。

有眼不识金镶玉

《韩非子》里记载了一个故事。春秋时期，楚国人卞和看见一只凤凰落在荆山的一块青石上，认为此中必有美玉，便将石头先后献给楚厉王和楚武王。不料都被玉工说成是普通的石头，卞和因为欺君之罪而被砍了双脚。直到楚文王继位，才从这块石头中开采出价值连城的美玉。这块玉就是有名的"和氏璧"，"完璧归赵"的"璧"指的就是它。三国曹植《与杨德祖书》写道："人人自谓握灵蛇之珠，家家自谓抱荆山之玉。"荆山之玉即指和氏璧，时间一久，"荆山玉"便讹传成了"金镶玉"。

无论是"有眼不识泰山"，还是"有眼不识金镶玉"，常用来形容人见识鄙陋，没有辨别能力，看不清人、事、物的真正价值。

无功不受禄

"无功不受禄"，"禄"指俸禄；这句话的意思是，我没有付出劳动，建立功绩，就不能接受俸禄、薪水。也泛指对人没有帮助，就不可以接受人家的馈赠或优待。

无功就不能受禄。如果"无功受禄"了，会怎么样呢？

唐代有个隐士叫李元恺，《旧唐书》记载了他说的一句话："无功受禄，灾也。"如果没做什么有用的事情却接受俸禄，那就会带来灾祸。

现在，"无功不受禄"常用作客套，是谦虚、低调的表达。

比如：在下无功受禄，寝食不安。意思是：没有功劳而受到厚待甚至奖赏，我睡觉、吃饭都会觉得心里不安稳。

再比如：无功不受禄，您的好意我心领了。

这种表达常出现在小说等文艺作品中。

意思稍有联系的俗语还有"恭敬不如从命"，也是一句客套话，多用于双方互相客气的场面。

比如：在一场宴会中，对方一再邀请你坐到贵客的位置，你连忙拒绝，对方却十分坚持，这时候你就可以说：那我只好"恭敬不如从命"啦！意思是我虽然不敢当，但也不好违背主人的好意。

知识拓展

却之不恭，受之有愧

如果不接受你的礼物、好意的馈赠呢，就显得我很不礼貌，不知道恭敬；但是如果我接受了你的礼物馈赠呢，我又很不好意思，因为没有什么地方值得您如此厚爱。

战国时期，孟子的学生万章向他请教人际交往的问题。孟子认为对人应该恭敬。万章问："一再推却、拒绝别人的礼物，为什么是不恭敬的呢？"

孟子告诉他："尊贵的人送东西给你，你如果拒绝就是不恭敬的，因此你应该接受。"即俗话说的"长者赐，不敢辞"：长辈送你礼物，不敢不接受，否则就是不恭敬。

不为五斗米折腰

折腰：弯腰行礼，指屈节辱志向人示好。比喻为人庸俗市侩，缺少骨气，甘愿为了富贵利禄而放弃尊严。而"不为五斗米折腰"，则是比喻人的品行高贵，有气节，有傲骨，不向世俗低头，能够保持尊严，不为利禄所动。

公元 405 年，冬天。

浔阳郡，彭泽县。驿舍。

郡里派遣来的督邮正在这里休息，等候彭泽县的县令来拜谒自己。

督邮一职，负责巡察所辖各县，品阶虽低，却有实权，可以直接在太守面前说话。而这一任督邮，更是一个粗鄙、贪婪又傲慢的人。每次巡察，所过之处，懂事的官吏为了得到美言，无不争相贿赂。不懂事的县官，

**安能摧眉折腰事权贵，
使我不得开心颜**

这是唐代诗人李白在诗歌《梦游天姥吟留别》中发出的感慨。摧眉，低眉、低头。全句是说：我怎么能够卑躬屈膝来侍奉权贵人物，从而委屈自己、不得开心呢。

他便借机勒索，务必满载而归。

此番来到彭泽县。素闻此地县令为人简贵，不私事上官。这次倒要看看，彭泽令的骨头究竟有多硬！

不料，漫长的等待，等来的却是令人吃惊的结局：县令已经取出官印封好，并且附上一封辞职信，挂冠归去。

原来，彭泽县的县吏提醒县令说："参见督邮要穿官服，束上大带，不然有失体统，督邮正可借机大做文章，会对大人不利的！"

县令听罢叹道："我怎能为了区区五斗薪俸，就低声下气地向这些小人献殷勤！"

在后世的记载中，这件事只留下寥寥数语："郡遣督邮至，县吏白，应束带见之。潜叹曰：'我不能为五斗米折腰向乡里小人。'即日解印绶去职，赋《归去来》。""在官八十余日"。这个县令，就是诗人陶渊明。这是他做彭泽县令的第八十一天。

知识拓展

陶渊明又名陶潜，生活在东晋末至南朝刘宋初期，是我国第一位田园诗人，被称为"古今隐逸诗人之宗"，他亲身参与农事，因此作品饱含真挚的感情。陶渊明蔑视功名富贵，不肯趋炎附势。"不为五斗米折腰"的记载，正是他高尚品格的体现。

上梁不正下梁歪

在我国古代，房屋多是土木结构，有梁、柱、檩、椽等组成部件。其中上梁是正梁，是架在屋脊或山墙上最高的一根横木。人们常说的"栋梁之材"，就是这一部位，它承载着屋脊的主要重量。而下梁是用于稳固正梁的。

晋代杨泉《物理论》说："上不正，下参差。"

安放上梁时，一旦放得不够正，不够标准，房屋的整个结构都会出现问题，下梁自然也就随着歪了。

"上梁不正下梁歪"，上梁通常指上级、长辈，下梁则指下级和晚辈，意思是说，像长辈、领导等，这些起带头作

其身正，不令而行

在一个家庭里，长辈们要求晚辈不吸烟、不喝酒、不打架，自己却毫无顾忌地这样做，晚辈们耳濡目染，时间久了，即使表面不这样做，暗地里也会沾染上这些习气。

在一个单位里，领头羊如果一身正气，两袖清风，是非分明，那么下属也不敢无端生事，团队的氛围必定趋向和谐。

就像孔子说的那样："其身正，不令而行；其身不正，虽令不从。"

用的人，做事如果违反法律，违背道德准则，那么下面的人就会跟着他们的样子学坏。

《水浒传》故事的背景是宋朝，正是因为太尉高俅是大奸臣，他的养子高衙内才敢胡作非为，以至于强抢林冲的妻子。而说起岳飞之死，人们都痛恨秦桧奴颜婢膝，割地求和。但是别忘了，最大的主和派是宋高宗赵构。如果收复失地，迎回徽钦二帝，还能轮到他做皇帝吗？所以明代才子文徵明写了一首《满江红·拂拭残碑》，矛头直指高宗赵构："岂不念，徽钦辱，念徽钦既返，此身何属。千载休谈南渡错，当时自怕中原复。笑区区一桧亦何能，逢其欲。"真是一个小小秦桧害死岳飞的吗？真正的主使是南宋皇帝啊！这是最大的"上梁不正下梁歪"！

知识拓展

　　《论语·颜渊》记载季康子询问孔子怎样治理国家政事。孔子回答说："政者，正也。子帅以正，孰敢不正？"政的意思就是端正，你带头端正，谁敢不端正呢？

　　正人先正己。在上位的人行为不正，下面的人也会跟着做坏事。

站着说话不腰疼

"站着说话不腰疼"，意思显而易见：站着说话不费力气，自然腰就不疼了。这句话带有贬义，多指只顾着高谈阔论，不能设身处地替人着想，体谅别人的难处；也有"得了便宜还卖乖"的意思。

我们都知道"商鞅变法"。商鞅是战国时期的政治家、思想家，是法家的代表人物。他辅佐秦孝公变法，帮助秦富国强兵，强于诸侯。

当初商鞅去秦国求职，由大臣景监推荐给了秦孝公。秦孝公十分欣赏他，两人相见恨晚，当即就在朝堂上畅谈起来，聊得异常兴奋，都忘了景监还在一旁。当时，秦孝公端坐，商鞅、景监二人跪坐。古人的坐姿是跪坐，即双腿膝盖着地，臀部放在脚踝上。就这样从早晨畅谈到日落西山，商鞅说到激动处，起身站在殿中，继续指点江山，浑然不觉自己的失礼。而景监则跪坐了一天，筋疲力尽。见这对君臣还没有结束的意思，便不停向商鞅使眼色，示意他赶紧结束。可惜商鞅并不理会，一直说到深夜，才由秦孝公结束了讨论。

商鞅这才想起来，问景监为什么一直使眼色。

景监郁闷地说道："我跪了一整天，浑身酸麻。你倒是站着说话不腰疼。"

这句话就这样流传下来，只是经过时间演变，含义发生了很大变化。据说在旧社会，地主、资本家监督、催促长工干活，长工们弯腰劳作，监工们站着吆喝，这就是"站着说话不腰疼"。

生活中也常有这样的情况，有人埋头苦干，偶尔抱怨两句，其他人就在旁边指指点点说三道四甚至横加指责。这种人就是不了解实际情况，只会口头说教，空谈道理，不会换位思考，从对方角度想问题；甚至眼高手低，自以为是，脱离实际，正是"站着说话不腰疼"！

类似的还有"白天不懂夜的黑"，白天和夜晚没有交集，不能理解对方的世界。

知识拓展

有个"三季人"的故事。有人向孔子请教一年有几个季节，子贡告诉他："四个。"来人说："不对，三个。"两人各持己见，都坚定认为自己的答案是正确的。孔子观察了一阵，告诉来人说："的确是三个。"来人很高兴地离开了。子贡不解，孔子告诉他："这人是只蚱蜢，它在春天出生，在秋天死亡，从来没见过冬天，所以对它来说，一年确实只有三个季节。"

每个人认识世界，往往都是从自己的经验出发，对于未知的、不了解的事物，容易武断地做出否定判断。这是一种认知局限，值得警惕。

哪壶不开提哪壶

"哪壶不开提哪壶"，意思是专挑别人不喜欢的话题、缺点甚至隐私来说。

有一对父子开了间小茶馆。爷俩诚实守信，干净周到，所以门面虽然不大，薄本微利，但生意还不错。糟心的是本县有个贪财的白县令，当着父母官，处处占便宜。经常东家鱼西家肉吃吃喝喝，连小茶馆也不放过，吃完鱼肉就来白喝茶，要不怎么姓白呢！再加上手下一帮衙役狗仗人势，这些人来了，父子俩不仅不敢得罪，还要赔上小菜、点心来伺候，真是苦不堪言。

没过多久，老掌柜病倒了，儿子只好独自支撑，自己烧水掌壶，应付生意。白县令又来了。小掌柜灵机一动，恭恭敬敬地上茶。白县令喝了一口，不满地皱眉："水没烧开吧？这茶怎么一点都不香？"

小掌柜说："小人哪敢不用心伺候您呢？茶还是往日的上等龙井，水还是刚烧到翻滚的开水！"

白县令无奈，总不能自己去烧水泡茶吧。就这样，白县令懒得再来小茶馆了。

老掌柜病好了，重回茶馆，感到奇怪。

小掌柜狡黠地笑道："我给他沏茶，是哪壶不开提哪壶！"

就这样，这句话传开了，成为一句常用的俗语。同时，"茶坊里的伙计——哪壶不开提哪壶"也是一句歇后语，原意是专提凉壶，给人喝凉水。引申为专说不该说的话，做不该做的事，揭人的短处，戳人的痛处。

生活中，年轻人生存压力大，长辈却经常问工资多少、成家没有；学生不爱学习，考试没考好，亲戚却总是问孩子成绩。一个人最想回避的问题却总是被人问起，这种"灵魂问话"就是哪壶不开提哪壶。

崩口人忌崩口碗

　　一个裂唇的人，特别忌讳看到有裂口的碗。这是古人生活经验的总结，值得注意。比如民间传说中，明太祖朱元璋做过和尚，所以他就特别不愿听到"光"这个字（会联想到"光头"）。

远水救不了近火

　　战国时期，鲁国国君鲁穆公，为了跟晋、楚各国搞好关系，准备派出自己的儿子们去晋国、楚国做官。这里所谓"做官"，其实有两层意思，其一就是当人质，鲁国国君的儿子在您这儿，鲁国要是有什么不利于您的举动，首先要担心的就是儿子的性命；其二就是搞公关，鲁国国君的儿子代表着我鲁国的形象，他们不是来炫富、摆酷的，而是要为提高鲁国的美誉度而努力。

　　但是对于这件事情，大臣犁锄有不同意见，他先是给鲁穆公讲了第一个故事：

　　有个孩子溺水了，父母听说越国人擅长游泳，于是特意去向越国借人来救孩子。但是我们知道，虽然越国人游泳本事高强，但真要等越国人来了才救溺水的孩子，这个孩子肯定得被淹死。

　　犁锄接着又讲了第二个故事：

　　有一户人家，房子着了大火，主人听说大海里有用不完的水，于是请人去大海里取水回来救火。我们知道，虽然大海里的水足够灭掉几千次几万次这样的火灾，但是等到从大海里取了水回来，这家的房子肯定早被烧成灰烬了。

这两个故事，其实都是同一个道理：远水救不了近火。

或者说：远水解不了近渴。意思是，他人的力量虽然强大，但毕竟不是自己的，一旦紧急的时候，根本等不及，所以人一定要自强，自己强大才是真的强大。

正因为远水救不了近火，所以犁鉏最后提醒鲁穆公：晋国和楚国虽然强大，但齐国离鲁国更近，鲁国最大的威胁是齐国，如果受到齐国攻击，鲁国的祸患恐怕晋、楚也救不了。怎么办？一是靠自己，自强自立，整修军备，不靠外援；二是想办法跟齐国搞好关系，但最后还是要靠自己。

自己强大才是真的强大，这就是俗语"远水救不了近火"的终极内涵。

知识拓展

他山之石，可以攻玉

出自《诗经·小雅·鹤鸣》，意思是别的山上的石头坚硬，可以用来打磨自家的玉器。引申为要多向别人借鉴、学习，以帮助改进自己的不足。这是与"远水救不了近火"相反，强调要承认别人的优势和作用。

君子报仇，十年不晚

"君子报仇，十年不晚"，意思是说，有志气的人报仇雪恨不必性急，不能逞一时之快。

《史记·范雎列传》记载，战国时期，魏国人范雎被诬陷，受到魏相魏齐的惩罚，一顿毒打之后，魏齐以为他死了，命人将他卷上席子扔进厕所。不料范雎死里逃生，之后改名换姓来到秦国，得到秦昭王的重用，不久后又被任命为丞相。

后来秦国攻打魏国，魏王派人求和。范雎就点名要求魏国交出魏齐的人头。魏齐被逼无奈，自杀身亡。时隔十年，范雎终于报了当年的大仇。

《吴越春秋》记载，吴国打败越国后，越王勾践求和。吴王夫差不肯听从伍子胥的极力劝谏，接受了求和。越王勾践夫妇为吴王"驾车养马"，做了三年仆役，赢得信任后，被放回越国。伍子胥曾担心地说："越十年生聚，十年教训，二十年之外，吴其为沼乎！"果然被他说中，勾践"卧薪尝胆"，发愤图强。在谋臣文种、范蠡辅佐下，制定了长期战略：稳定发展生产，奖励生育，充裕兵源；提高国力的同时，精兵强训，严格纪律，以提高战斗力。最终打败了吴国，结束了吴越争霸。

今天，"君子报仇，十年不晚"这句话还含有劝勉、鼓励的意味。当一个人受了委屈，一时找不到反攻的机会，就要暂时放下眼前的仇恨，积累力量，等待时机。贸然逞强或者徒然哀叹，都无济于事。

知识拓展

欲戴王冠，必承其重

西方有句谚语："欲戴王冠，必承其重。"意思是如果想要戴上这顶王冠，就必须承受它的重量。句意出自莎士比亚的戏剧《亨利四世》。

王冠上镶嵌着大量钻石珍宝，璀璨夺目；但也正因如此，它具有相当的重量。戴上王冠，头颈都要忍受重压。可见，渴望它所代表的权力，就要付出相应的代价；具有王者的能力，才能承受王冠的重量。

还有一句话意思相近："别低头，王冠会掉。"所有想成就大事业的人，都要承受巨大的压力，承担对等的责任。遇强更强，越挫越勇。吃得了苦中苦，才能看到峰顶的风景。

瓜田不纳履，李下不正冠

曹植有一首乐府诗《君子行》，开头四句流传最广："君子防未然，不处嫌疑间；瓜田不纳履，李下不正冠。"

履：鞋子；冠：帽子。"瓜田不纳履，李下不正冠"，指经过瓜田不要弯下腰去提鞋，以免让人误会自己是偷瓜贼；经过李树下不要举起手来整理帽子，以免让人误会自己要偷果实。比喻避免招惹无端的怀疑，告诫人们处事须谨慎。也说"瓜田不纳履，李下不整冠""瓜田李下"。

北朝名臣袁聿修为官清廉，曾受命巡察州县，考核官员。经过兖州时，邢邵担任兖州刺史。两人分别后，邢邵派人送给袁聿修一匹白绸。袁聿修却把白绸退还了。《北史·袁聿修传》记载，他写信给邢邵说："瓜田李下，古人所慎。愿得此心，不贻厚责。"

"瓜田李下"，是古人一向慎重对待的事情。袁聿修怕别人怀疑他收受贿赂、考核不公正，因此拒绝。邢邵也回信表示理解，并说："您过去是清郎，现今是清白廉洁的少卿了。"

柳公权是唐代大书法家，为官敢于直谏。有一次，唐文宗召见他，问他外面在议论些什么。柳公权说都在议论郭旼出任邠宁节度使的事情。

唐文宗说："郭旼是太皇太后的小叔叔，为官没什么过错，从金吾大将军改做小小的邠宁节度使，有什么可议论的呢？"

柳公权说："人们议论的是郭旼把两个女儿献入宫中才得到这一官职。"

唐文宗解释说郭旼的两个女儿是进宫看望太后的。

柳公权说："瓜李之嫌，何以户晓？"

——这种"瓜田李下"的嫌疑，怎能让家家户户都知道呢？

最终，唐文宗派人送回了郭旼的两个女儿。

颜回攫甑

孔子被困在陈国和蔡国之间，断粮七天。颜回讨来一些米煮饭。快熟时，孔子看见他用手抓锅里的饭吃。等到吃饭的时候，孔子故意说："我刚才梦见了先父，这饭很干净，我用它先祭过父亲再吃吧。"颜回连忙回答说这样不合适，原来刚才煮饭的时候，有点炭灰掉进了锅里，弄脏了米饭；本来得之不易，颜回不舍得丢弃，于是就抓起来吃掉了。而按照古礼，用过的饭不能用于祭奠，否则就是对先人不尊重。孔子听后，叹息道："人应该相信自己的眼睛，但即便是眼睛看到的仍不一定可信；人依靠的是心，可是自己的心有时也依靠不住。学生们要记住，了解一个人是多么不容易呀。"

孔子是圣人，颜回被尊为"复圣"。两人都是我国文化中的人格楷模。即便如此，孔子也会怀疑自己最喜欢的弟子行为不端。可见，君子更应该谨言慎行，避免引起嫌疑。